U0035713

世界公民叢書

未來的‧全人類觀點

一修訂新版一

新世紀繼往開來的

思想經典

傅佩榮

解讀論語

最新修訂—傅佩榮哲學經典解讀系列

傅佩榮解讀論語

【目錄】本書總頁數 304 頁

二十四年前,開始為《論語》做解讀,主要是為了教學之用。先後看了大約四百家注解,眾說紛紜是難免的。但是,在上課時對原文的一字一句,還是要有明確的界說。我的方法是把握重點、還原系統。

所謂重點,就是能讓人感動的部分。拜讀《論語》多少遍,已經無從計算了。哪些篇章能感動我呢?以下特別列出四句話。

第一句,在《論語・憲問篇》,子曰:「莫我知也夫!」孔子感嘆沒有人了解他!在孔子心中,連他親自耳提面命的弟子都無法了解他。這是怎麼回事呢?《論語》裡面,大多數對話簡單而不神祕,那麼是弟子們忽略了什麼細節嗎?孔子這句感嘆,不僅讓人震撼,也使人對歷代各家注解心存疑慮。這些解者也許闡明了某些章句,但真的了解孔子的一貫之道嗎?

第二句,在《論語・陽貨篇》,子曰:「子生三年,然後免於父母之懷。」孔子在回答宰予提問三年之喪時,最後說了這十二個字。我對這十二個字,數十年縈懷於心,原來孔子對人性的觀察是從嬰兒期開始,然後兼顧人的發展與結構,涵蓋人的生理、心理與倫理。是的,若非如此,怎能了解人性是怎麼回事?又怎能論斷人生應該怎麼過?

第三句,在〈公冶長篇〉,子曰:「老者安之,朋友信之,少者懷之。」這裡又有十二個字。孔子的志向太大了,在人類歷史上不曾有人實現過。志向可以顯示一個人奮鬥的目標與方向,但如果沒有實現的可能性,何必說出來讓人困惑呢?

第四句,在〈為政篇〉,子曰:「吾十有五而志於學」這段話。這是孔子自述生平的三十八個字,算是他的自傳了。我們何曾念過這樣的自傳?其中完全不提他在政治、教育、文化上的成就,只是點出他一生六個

階段，修養及成長的歷程，其中特別引人注意的是兩句。一是「五十而知天命」，孔子在半百之年終於得知天命，既然天有所命，則人的一生方向在此。第二，「七十而從心所欲不踰矩」，我由此明白，孔子對上要回應天命的要求，對下要修練心志，做到不踰矩才可從心所欲，得到大解脫與大自在。那麼，天命與人心的關係是什麼？

經過如此層層感動，才會有經年累月的苦思冥想與亦步亦趨的實踐心得。接著要做的是還原孔子的思想系統，也即是我多年以來口誦心惟的人性向善論。相關論述已經寫成〈孔子的人性向善論〉，收於立緒版的《人性向善論發微》。

回到《論語》文本，這一次發行的修訂新版，所根據的是我過去二十餘年教學與思考的心得，修改之處不多，但都十分緊要。譬如，像〈述而篇〉與〈子罕篇〉，其中有兩章共提到七件事，結語都是「何有於我哉？」請問，孔子在說什麼？是這七件事很難嗎？很容易嗎？答案都不是。孔子是在表明「安於當下」的心境，就是他當時做到了這些事，然後世間其他的事，像有人得君行道，有人升官發財，有人含冤受難，有人失意潦倒等等，世間之事自古即是如此，誰又能改變什麼？孔子該做的是手邊的工作，盡心盡力做好這些，其他的事與我有何關係？乍聽之下會覺得有些消極，好像不太關心別人。但是，如果你了解孔子的志向之高遠，再想想這句話之落實，你不會覺得他顯示了收放自如、遊刃有餘的生命境界嗎？

傅佩榮於 2023 年 3 月吉日

《論語》的普世價值正耀眼

　　走到世紀交會的今天，人類免不了要想一想「何去何從？」鼓起勇氣瞻望未來，好像看不到光明的遠景；比較穩當的辦法，還是回溯歷史，向豐富的傳統資源借取靈感，融入現代人生活的處境，由此激發創新的智慧與堅定的信念。

　　主意打定之後，要從何處入手？換個方式來問，有沒有一本書可以做為上上之選，其內容足以回應最大多數人的根本願望？我們首先想到的是《論語》。不過，中國人的這種選擇，能夠得到外國人的支持嗎？**一九八二年，諾貝爾獎得主們在巴黎的例行聚會中，談到二十一世紀人類需要什麼思想時，幾經斟酌之後的答案不是別的，正是孔子思想。**

　　孔子思想能夠跨越時空局限，突破語文、種族與宗教的藩籬，受到有識之士的一致推崇，主要是因為其中包含了幾項因素：如溫和的理性主義，肯定人類可以藉由教育與學習而施展潛能；如深刻的人道情懷，強調人我互重，「己所不欲，勿施於人」；如樂觀的人生理想，相信德行修養是人人可以達成的目標，並且因而可以活得快樂而有意義。以孔子思想為立足點，人類既不會毫無抵抗地隨順俗化與物化的浪潮，也不會因為宗教信仰的差異而形成尖銳的對立與衝突。

　　《論語》所蘊藏的普世價值正在發出耀眼的光芒。不僅如此，在當前大家迫切需要又束手無策的「生命教育」的課題上，《論語》也提供了簡明扼要而完整生動的架構。**孔子以身教的方式，見證了生命的主體性與主動性。任何人只要真誠，就將覺察內在的力量在敦促自己朝向完美人格的目標前進。**由於這個高貴的目標，人可以化解現實的困境與壓力，常保心中的喜悅。人生由平面的生老病死，轉化為立體的日進於德，在價值的層級上攀升，並且可以銜接於信仰的終極關懷。學了《論語》之後，人不但

會珍惜生命，還會燃起奮鬥的意志。

　　現在的問題是，我們如何閱讀一本兩千五百年前的言行記錄呢？原文是文言文，典雅有餘而清晰不足；即使背誦了孔子的言論，也未必知道他的真正用意，更談不上付諸實踐了。我們今天需要的《論語》版本，除了原文之外，必須附有可以清楚閱讀的白話文，如果還能對重要觀念加以解說，使零散的章句顯示一貫的系統，那就更為可取了。

　　本書正是筆者累積二十年研究心得所作的嘗試。原來以為這項工作並不困難，著手之後才發現必須多下許多工夫，並且好像永遠無法臻於完善。**孔子說：「當仁，不讓於師。」走在人生正途上，遇到值得努力的工作，就須全力以赴。**我願以本書與同代的朋友共勉，攜手迎向二十一世紀。

簡單而有效閱讀《論語》的方法

　　《論語》的讀法，無異於我們翻閱任何古代經典，首先要釐清的是原文「究竟」在說什麼。由於歷代學者的研究，《論語》每一句都展現了多采多姿的面貌，以致形成難以跨越的障礙。譬如：文句中爭議較少的，都是較為浮泛的觀點；遇到像「仁、道、義、德」等關鍵概念，就找不到明確的解法；至於像「天、命、鬼神、生死」等觀念，更令人有無從捉摸之感。

　　於是乎，我們要青少年死背硬記，要成年人懂多少算多少，然後就希望《論語》發揮神效，幫助大家安身立命，促使社會安和樂利。這種希望並非奢望，只是方法有待改善。筆者研究儒家思想超過二十年，相關著作已有十二種之多；最近幾年更是全心致力於《論語》之解讀，寫成眼前這本作品，目標正是要為現代人提供一個簡單而有效的閱讀方法。我在本書所呈現的是以下幾點特色：

　　一，在《論語》每章原文之後，有〈白話〉與〈解讀〉。白話不僅求其與原文一一對應，並且還要流暢通順，使中學生以上的讀者不再受困於原文。

　　二，白話部分同時取代了一般《論語》讀本的註釋，因此免去了眾說紛紜的糾葛，適合現代人的閱讀習慣。我這樣做的理由與信心，稍後將加以說明。

　　三，解讀部分是本書用心所在，專門就《論語》中構成孔子思想系統的重要觀念，作必要的引申、連繫、發揮與省思，希望呈現孔子「一以貫之」的哲學體系。

　　閱讀《論語》，是一件愉快的事，自由沉潛其中，以孔子為師，與孔

子為友，更是平生樂事。因為，認識孔子，就是認識一個傳統的開始，就是了解人生何去何從的方向，也就是正確實現人生理想的第一步。

解讀說明
關於本書中幾點特殊意見

本書所謂的解讀，是詳細研讀各家資料，再從其中揀擇分辨，求其正確合理的解法。沒有以這些前輩的努力為基礎，我不可能有信心從事這項工作。若不是經過二十年的專研，我也不敢期待讀者相信我的判斷。為《論語》作白話翻譯，是不太可能有創見的，因為任何解釋都可以找到前人的說法做為依據。我把這些依據的來源都省略了，否則本書至少將增加一倍篇幅。即使如此，某些較為特殊的章句仍然應該在此稍作說明。這些章句分為兩類：

一，更改原文字句者。由於《論語》幾經傳抄，材料從竹簡到書寫與刻石，字句難免有些出入。歷代學者雖然言之鑿鑿，還是不敢稍作更動。本書依此而更改的字句有：

1.「未若貧而樂〔道〕，富而好禮者也」〈1‧15〉。在此加上「道」字。

2.「六十而〔耳〕順」〈2‧4〉。在此去掉「耳」字。這裡涉及的問題較為複雜，請參考稍後的說明。

3.「〔啟〕斯之未能信」〈5‧5〉。在此把「吾」改為「啟」，啟是漆彫開的原名，為學生對老師說話時的自稱。

4.「〔誳〕曰：禱爾於上下神祇」〈7‧35〉。在此把「誄」改為「誳」，因為誄為對死者的祝禱，誳為對生者的祝禱。

5.「〔必〕祭，必齊如也」〈10‧11〉。在此把「瓜」改為「必」。

6.「『誠不以富，亦祇以異』」〈16‧12〉。此句由〈12‧10〉移到這裡。

7.「不患〔貧〕而患不均，不患〔寡〕而患不安」〈16‧1〉。在此

把「貧」與「寡」二字對調。

其他還有一些應該更改但無絕對把握的，就維持原文了，如「**五十以學〔易〕**」〈7・17〉；「**患〔不〕得之**」〈17・15〉；「**問管仲，曰〔仁〕人也**」〈14・9〉；「**三〔嗅〕而作**」〈10・27〉等。

二，界定原文含義者。本書雖然博採眾說，仍有少數特別的譯法需要稍加說明，如：

1.「**自行束脩以上，吾未嘗無誨焉**」〈7・7〉。「自行束脩以上」是指「從十五歲以上的人」。理由是：㈠古人說話的語法「自……以上」皆指「從（幾歲）以上的人」，如《周禮・秋官司寇》的「自生齒（一歲）以上，皆錄於版」。㈡「行束脩」是指古代男子十五歲入大學所行的禮。束脩原指乾肉，後來用以代表十五歲的男子，東漢鄭玄已有此說，見《後漢書・延篤傳》的李賢注所引。㈢《論語》中並無孔子收學費或束脩的記載，但是卻提及「童子見」，「有鄙夫問於我」，以及「孺悲欲見孔子，孔子不見」，可知孔子所在乎只是如何有效教導別人而不是學費。

2.「**六十而〔耳〕順**」〈2・4〉。這是孔子自述生平的一個階段，另外五個階段都以單一動詞描述（如「學，立，不惑，知，不踰」，似乎不宜在此多出一個「耳」字；並且其他各階段都有《論語》的資料可以互證，唯獨「耳順」令人費解。其次，孔子說君子「知天命」之後，就會「畏天命」，畏天命的表現不是「順天命」嗎？否則他在六十歲前後為何要周遊列國，在別人看來是「天將以夫子為木鐸」，同時又是「知其不可而為之」？並且兩次面臨殺身之禍時，他都毫不遲疑地訴諸於「天」？此外，敦煌石經的版本是「六十如順」，沒有「耳」字；當代學者主張「耳」為衍文者，考據學者有陳鐵凡、于省吾、程石泉，思想界則有馮友蘭、沉有鼎、唐君毅等。反觀歷代對「耳順」的註解，則無不牽強。有關「束脩」與「耳順」的詳細討論，另可參考筆者《儒家哲學新論》（聯經版）。

3.「**思無邪**」〈2・2〉。這是孔子概括談詩所引的一句話，原文是描述馬向前直行的樣子。「思」是語首助詞，無意義；「無邪」則是指直而

不曲,意思是:《詩經》三百篇「全都出於真情」。孔子所揭示的「仁」字,就是要人由真誠的自覺,進而感通人我關係,體認「人性向善」的自發力量。由「真」到「善」,是孔子立論的樞紐。此處論詩,有其深意。

4.「**可也,簡**」〈6‧2〉。在此,「可」是子桑伯子的名字,而不是指「可以」,否則仲弓隨後的評論是針對子桑伯子其人(簡),還是針對孔子的判斷(可)呢?顯然是針對「簡」。

5.「**因不失其親**」〈1‧13〉。因與恩通,親與愛通;意為:施恩於人而不失去原有的愛心。如此,則全句三段話可以完全對應。

6.「**攻乎異端、斯害也已**」〈2‧16〉。意思是:批判不同學說,難免會有後遺症,造成爭論不休的禍害。孔子是主張「道不同,不相為謀」的,何必互相批判?

7.「**吾不與祭如不祭**」〈3‧12〉。這句話是「祭如不祭」連讀,否則不易呼應「祭如在,祭神如神在」。先說受祭者(鬼神)之如在,再看祭祀者之如不祭,就知道孔子何以不贊成了。

8.「**無友不如己者**」〈1‧9〉。意思是:「不與志趣不相似的人來往。如果解為不與「不如自己」的人交往,試問在事實上如何分辨又如何進行?「三人行,必有我師焉」,何況是交友?

9.「**克己復禮為仁**」〈12‧1〉。意思是:能夠自己作主去實踐禮的要求,就是人生正途。「克己復禮」不能分兩段來解,否則己與禮對立,人性不是偏向惡的一面嗎?至於以「人生正途」解說「仁」,則是貫穿本書的基本觀點。孔子的「仁」字揭示了人性的真相,亦即人性在人生的動態過程中不斷展現其力量,使人由真誠而自覺其「向善」;順此力量前進,走上人生正途時,則須「擇善固執」(《中庸》以此為「人之道」,確有所本);至於人生最高境界,則是止於「至善」了。一個「仁」字彰顯了「人之性(向善),人之道(擇善),人之成(至善)」;不僅如此,「仁」字「從人從二」,不離人我相與的關係,而「善」的定義則是「人與人之間適當關係之實現」。

以上有關「仁」的解讀,在本書中一再出現,合而觀之,自成系統。另外還有比較深奧的「天」、「天命」、「命運」等。讀者若能在相關語

句的解讀部分稍加留意，也可以獲得完整而連貫的見解。能為《論語》解讀並貢獻自己的心得，實為平生幸事，還望高明君子不吝賜正。

《論語》源流

　　《論語》是環繞孔子及其學生的言行記錄。當時的學生各有所記，再經整理編輯而成。秦始皇焚書之後，原始版本已不可考，流傳於世的有魯人的《魯論》、齊人的《齊論》，以及得自孔子古宅夾牆中的《古論》。三論內容互有出入，漢代張禹綜合前二者編定的版本得以通行，後有鄭玄包含各家之注的版本最受重視。魏朝何晏博採眾說，撰《論語集解》，再經梁朝皇侃為之《義疏》以及宋朝邢昺為之《疏》。現在足以代表漢魏時期研究心得的即是此一注疏版。南宋朱熹撰《論語集注》，綜合宋代學者的見解，並以本身哲理貫穿其中，為元明以來科舉取士之版本，幾乎為人人必讀之書。及至清代，學風偏重考據，學者研究成果可以由劉寶楠所撰《論語正義》為代表。民國以來，程樹德所撰《論語集釋》參考歷代四百多家注解，寫成二百萬言，堪稱最為完備。可惜一般讀者對此不免望洋興嘆。稍後，既有學術依據又有白話解說的，則是楊伯峻的《論語譯注》與錢穆的《論語新解》值得參考。然此二書自撰寫至今也近四十年了。本書作者二十年來研讀上述各書並參酌《論語會箋》（竹添光鴻所撰，綜合日本學者的心得），以及幾種英譯本（如理雅各、辜鴻銘、劉殿爵所譯者），然後才敢鼓起勇氣為之解讀，希望能以清晰流利的白話與完整連貫的系統，呈現《論語》的永恆義蘊，提供新世紀的讀者一部較為理想的《論語》讀本。

孔子小傳

　　孔子，名丘，字仲尼，生於周靈王二十一年（亦即魯襄公二十二年），時為公元前五五一年。當時為東周春秋時代後期，諸侯各自為政，禮壞樂崩口趨嚴重。孔子祖先為宋國人（殷朝後代），後遷於魯國定居；他生於魯國鄹邑（今山東曲阜市附近的尼山）。孔子三歲時，父親叔梁紇去世；他由母親顏徵在撫養成長，接受一般鄉村孩子的教育（文化常識與基本戰技），至十五歲告一段落，再自己立志學習，終於以博學知禮而聞名。

　　孔子十七歲時，母親過世。二十歲時娶亓官氏（宋國人）為妻，翌年生子孔鯉（字伯魚）。他做過的職業包括委吏（管理倉庫）、乘田（管理牧場）與助喪（承辦喪事）等。三十歲前後就有學生求教並追隨他，形成一個獨特的師生團體，以講學修德與治國利民為其目標。孔子學不厭而教不倦，學問與見識漸成系統，四十歲已可「不惑」。五十歲達到「知天命」，明白自己的神聖使命何在。魯定公九年（公元前五〇一年）孔子五十一歲，開始正式從政，為魯國中都宰（縣長）；五十二歲，升任小司空（工程部門副長官），不久又升任司寇（司法部門長官），位列大夫，政績卓越；五十三歲，更以司寇之職行攝相事，協助季氏處理國政；五十四歲，主張「墮三都」，想拆除郈、費、成三邑的城堡，以維護魯國的統一與安定，可惜最後失敗。孔子五十五歲時，齊國送給魯國能歌善舞的女子，使執政的季桓子與魯定公流連忘返；不久，魯國舉行郊祭，又未依規定送祭肉給孔子。孔子乃決定去職離鄉，周遊列國，遍歷衛、曹、宋、鄭、陳、蔡各國。他的信心堅定、理想遠大，猶如推行教化的「天之木鐸」，在別人眼中則是「知其不可而為之」；這正是「六十而順（順天命）」的階段，以致兩次（在匡，在宋）面臨生命危險，都將自己的命運

直接訴之於「天」。

　　魯哀公十一年（公元前四八四年），孔子六十八歲時，魯國由季康子執政，正式召請孔子回國，孔子乃結束長達十四年顛沛流離的周遊教化。孔子七十歲時，兒子孔鯉去世；七十一歲時，學生顏回去世；同一年（公元前四八一年）魯君西狩獲麟，孔子春秋絕筆；七十二歲時，學生子路去世。公元前四七九年，時為周敬王四十一年，魯哀公十六年，孔子辭世，享年七十三歲。許多弟子為他守喪三年，子貢更再守墓三年。後來，孔墓附近築室為家的多達百餘戶，形成聚落，名為孔里。

　　綜觀孔子生平，並無驚天動地的大事業，但是卻以身教與言教塑造了人的典型與典型的人，所謂「言而世為天下則，行而世為天下法」，所謂「匹夫而為百世師」，「微斯人，吾誰與歸！」

〈1‧1〉

子曰:「學而時習之,不亦說(ㄩㄝˋ)乎?有朋自遠方來,不亦樂乎?人不知而不慍,不亦君子乎?」

〈白話〉

孔子說:「學了做人處事的道理,並在適當的時候去實踐,不也覺得高興嗎?志趣相近的朋友從遠方來聚會,不也感到快樂嗎?別人不了解你,而你並不生氣,不也是君子的風度嗎?」

〈解讀〉

① 子:「子」原是周朝封建貴族(公、侯、伯、子、男)中的爵位,後來演變為對老師與長者的尊稱,進而可用在對話中互相稱呼。依顧炎武《日知錄》,「春秋自僖文之後,執政之卿始稱子,其後匹夫為學者所宗,亦得稱子。」所謂「僖文之後」,是指魯僖公(659-626 B.C.在位)與魯文公(626-608 B.C.在位)兩君之時代以來。在《論語》中出現的「子曰」,專指孔子所說的話,譯文直接寫成「孔子說」,較為清楚。

② 本文有三層意思,先談自己要學與習(實踐),其次講朋友互相呼應,最後說學習有成而未受重視時,可以坦然自處。由第一句可知學與習不同,學是由老師及書本所得者,習是自己去實踐及印証。並且「時」在《論語》中11見,其意為適當時機或季節,無做「時常」之解者。

③ 學:學的目標總體而言是泛指做人處事的道理。就學的內容而言,包括當時的知識(五經:詩、書、禮、樂、易)與技能(六藝:禮、樂、射、御、書、數),由此成就為有用的人才。就學的方法而言,要配合思(主體的反省與理解),以求溫故知新,活學活用。就學的

目的而言，是要增益德行，成為君子。相關資料：〈2‧15〉、〈15‧31〉、〈6‧3〉。

④ 君子：在古代原指政治權貴（如：天子、諸侯、卿大夫）的子弟，或指有官位者；孔子保留這種用法，同時更強調以「君子」代表學行兼備的成德之人。因此之故，君子成為儒家的人格典型，指稱有理想、有原則，不斷進德修業，追求成聖境界的人。在《論語》中，「君子」一詞107見，是孔子的施教重點。

⑤ 關於「人不知而不慍」，參照〈1‧16〉、〈4‧14〉、〈14‧30〉、〈15‧19〉。

〈1‧2〉

有子曰：「其為人也孝弟（ㄊㄧˋ），而好（ㄏㄠˋ）犯上者，鮮（ㄒㄧㄢˇ）矣；不好犯上，而好作亂者，未之有也。君子務本，本立而道生。孝弟也者，其為仁之本與！」

〈白話〉

有子說：「一個人能做到孝順父母與尊敬兄長，卻喜歡冒犯上司，那是很少有的；不喜歡冒犯上司，卻喜歡造反作亂，那是不曾有過的。君子要在根基上努力，根基穩固了，人生正途就會隨之展現開來。孝順父母與尊敬兄長，就是一個人做人的根基啊！」

〈解讀〉

① 有子：有若，字子有，魯國人，小孔子三十三歲。《論語》中，孔子的學生只有四人被尊稱為「子」，就是有子、曾子、閔子、冉子；原因也許是《論語》的編輯群出自他們的門下。學生按規矩，尊稱其師為「子」，其他孔門弟子則直記其名，因此曾參稱「曾子」，而其父曾皙則直記其名（〈11‧26〉）。

② 道：人所走的路，在此是指人生正途。可以引申為人生理想、事物法則、社會正義、宇宙規律等。凡是描寫一種狀況「應該如何」的，就

是在肯定它的「道」是什麼。

③ 為仁：古代「仁」與「人」或許可以通用。「為人」以孝悌為本，並且由此引出人生正途的道，可以呼應第一句的內容，亦即不會犯上與作亂。如果最後一句所談的是「為仁」，則仁與孝悌的關係將成為複雜的問題，而第一句的意思也就落空了。或者，我們可以說：孝悌是人類真情的第一步與最直接的表現，因而是行仁的出發點；不過，出發點與「本」畢竟不宜完全等同。

④ 閱讀《論語》，對於各章的重要性可分四個層次來理解。最重要的是孔了本人之言，其次是孔子與一流學生的對話，然後是孔子與一般學生的問答，最後是學生自己發表的心得。所謂一流學生，可參考〈11·3〉之說明。

〈1·3〉
子曰：「巧言令色，鮮矣仁。」

〈白話〉
孔子說：「說話美妙動聽，表情討好熱絡，這種人是很少有真誠心意的。」

〈解讀〉
① 《論語》中，「仁」字109見，代表孔子的一貫之道，意義深刻自不待言。在此先簡單做個說明。仁字有三義：人之性，人之道。人之成。意思是要以「仁」來彰顯「人」的整個生命歷程，就是要期許人從潛能走向實現，再抵達完美。人之性是「向善」，人之道是「擇善」，人之成是「至善」。向善須在真誠中，才能自覺；擇善要靠智慧與勇氣。因此學生們多次向孔子請教什麼是「仁」。至善則須「死而後已」，所以孔子從不稱許同一時代的人為「仁」，對自己也不例外。

② 這裡所批評的「巧言令色」，是針對缺乏真誠心意而言。言與色表現在外，常會忽視內心的真誠。少了真誠，無法自覺其向善的要求，當

然談不上進一步擇善而行了。有關「仁」字的完整詮釋，還須配合相關各章的解讀。如〈3‧3〉、〈4‧2〉、〈17‧21〉等。本章在〈17‧17〉再次出現。

〈1‧4〉
曾子曰：「吾日三省吾身：為人謀而不忠乎？與朋友交而不信乎？傳不習乎？」

〈白話〉
曾子說：「我每天好幾次這樣省察自己：為別人辦事，沒有盡心盡力嗎？與朋友來往，沒有信守承諾嗎？傳授學生道理，沒有認真實踐嗎？」

〈解讀〉
① 曾子：曾參，字子輿，魯國人，小孔子四十六歲。《論語》之編輯群應有曾參弟子，因此本書述及曾參皆稱「曾子」。
② 三省：古人常以「三」代表「多數」，因此這裡所講的不是三次，也不是接著所列的三件事。事實上，曾子一生「戰戰兢兢」，從愛惜身體到修養品德，所省察的自然不只這三件事。
③ 為人謀：這三句話有其順序，先是談到別人（應指上司），接著談到朋友，然後及於學生。在「人與人之間」盡力扮演好自己的每一個角色，這正是走在人生正途上，向著至善前進。曾子之三省皆由「不」來考察自己的缺點，正是「反省」的示範。

〈1‧5〉
子曰：「道（ㄉㄠˇ）千乘（ㄕㄥˋ）之國，敬事而信，節用而愛人，使民以時。」

〈白話〉
孔子說：「治理諸侯之國，要盡忠職守與令出必行，節省支出而愛護眾

人，選擇適當的時候徵用百姓服勞役。」

〈解讀〉
① 道：在此作動詞用，表示導，治理之意。
② 千乘：乘為計算兵車的單位，每乘四匹馬。古代天子（帝王）擁有天下，號稱萬乘之君；諸侯所分封的則為千乘之國。春秋時代，諸侯各自為政，所以孔子以治理千乘之國為話題。
③ 敬事：這三項原則由核心向外推展。先自我要求，敬事所以立信；再兼顧節用與愛人兩方面，然後還須多為百姓設想。

〈1·6〉
子曰：「弟子入則孝，出則弟（ㄊㄧˋ），謹而信，汎愛眾而親仁。行有餘力，則以學文。」

〈白話〉
孔子說：「青少年在家要孝順父母，出外要敬重兄長，行為謹慎而說話信實，普遍關懷別人並且親近有善行芳表的人。認真做好這些事，再去努力學習書本上的知識。」

〈解讀〉
① 弟子：指後生晚輩。今天稱為學生或青少年。《弟子規》即由此章推衍而成。
② 仁：凡是行為合乎「人之道」的，都可以泛稱為仁，亦即今日所說有善行芳表的人。任何社會都有這樣的善人，值得我們敬佩與學習；不過，由於「人之道」永遠指向至善的境界，所以孔子很少明確指出誰是仁者。
③ 文：學文列在最後，表示青少年應該先學會良好的行為規範，懂得做人的基本道理，而不可本末倒置，以為讀書就是一切。

〈1‧7〉

子夏曰：「賢賢易色；事父母能竭其力，事君能致其身，與朋友交言而有信。雖曰未學，吾必謂之學矣。」

〈白話〉

子夏說：「對待妻子，重視品德而輕忽容貌；侍奉父母，能夠盡心竭力；為君上服務，能夠奮不顧身；與朋友交往，答應的事就守信用。這樣的人，即使他說自己沒有學習過，我也一定說他是學習過了。」

〈解讀〉

① 子夏：卜商，字子夏，衛國人，小孔子四十四歲，是列名於文學科〈11‧3〉的學生。孔子過世之後，學生分為八派，各自開班授徒，其中子夏為較有成就者，他的言論大多收在〈子張篇〉。

② 賢賢易色：指夫妻相處的原則。理由是：接著所談三事都是明確的人際相處之道；至於它列在首位，可能是因為古人認為「君子之道，造端乎夫婦，及其至也，察乎天地。」（《中庸》第十二章），有夫婦然後有父子，有父子然後有君臣等。

③ 事君：古代擁有屬地者皆可稱為「君」，如天子、諸侯、卿大夫。為君所用，就須事君。在今天的意思是指為自己服務的機構或老闆工作，但是彼此之間的關係不像古代那麼穩定。

〈1‧8〉

子曰：「君子不重則不威，學則不固。主忠信，無友不如己者。過則勿憚（ㄉㄢˋ）改。」

〈白話〉

孔子說：「君子言行不莊重就沒有威嚴，多方學習就不會流於固陋。以忠信為做人處事的原則，不與志趣不相似的人交往。有了過錯，不怕去改正。」

〈解讀〉

① 君子：在〈1‧1〉提過，君子可以指有官位者或有品德者。這裡則是指立志成為有品德者的人。《論語》中的名詞，在一定範圍內有些彈性。譬如，「君子」常常指稱「立志成為君子的人」。我們會逐漸習慣這種用法。

② 學則不固：博學多聞就不會頑固而不知變通。孔子教學的目的之一，是希望學生以靈活的智慧來面對人生的挑戰。

③ 無友不如己者：「如」在此是「相似」的意思，不能解釋成「比較」。前面先說「主忠信」，因此所謂相似，自然是以忠信為共同目標，然後可以在正當的志趣上互相勉勵。此語若解為「不與不如己者為友」，則較我優者又為何要與我為友？本章後半段，亦見於〈9‧25〉。

〈1‧9〉

曾子曰：「慎終追遠，民德歸厚矣。」

〈白話〉

曾子說：「喪禮能慎重，祭祀能虔誠，社會風氣就會趨於淳厚了。」

〈解讀〉

① 慎終：終是指生命結束。人有生必有死，以哀戚之心謹慎舉行喪禮，才能表達對死者的尊敬與懷念，也才能使生者珍惜生命並且努力修德行善。

② 追遠：遠是指離我們較遠的祖先。定期舉行祭祀，提醒我們飲水思源，心存感恩，然後為人處事也就比較寬厚仁慈了。

③ 民德：社會風氣。「德」字可以指言行表現、特定作風，也可以指道德上的修養與善行。《論語》使用「民」字，泛指百姓、庶人或被統治階級。

〈1‧10〉

子禽問於子貢曰：「夫子至於是邦也，必聞其政；求之與？抑與之與？」子貢曰：「夫子溫、良、恭、儉、讓以得之；夫子之求之也，其諸異乎人之求之與！」

〈白話〉

子禽請教子貢說：「老師每到一個國家，一定會聽到該國政治的詳細資料；這是他自己去找的，還是別人主動給他的？」子貢說：「老師為人溫和、善良、恭敬、自制、謙退，靠著這樣才得到的機會；老師獲得的方法與別人獲得的方法，還是大不相同的。」

〈解讀〉

① 子禽：陳亢，字子禽，陳國人，小孔子四十歲。

② 子貢：端木賜，字子貢，衛國人，小孔子三十一歲，列名於「言語科」〈11‧3〉。

③ 必聞其政：春秋時代，表面上仍是周朝天下，其實諸侯各自為政。孔子周遊列國，倡言政治理想，也參與討論各國政事。這些國家包括：齊、衛、宋、鄭、曹、陳、楚、杞、莒等。

④ 溫：這五點特徵是子貢的觀察。修養到這種境界，好像沒有什麼個性了，而其實不然，因為這五點是孔子在與各國君臣交往時的態度，個性不必在此表現。

〈1‧11〉

子曰：「父在觀其志，父沒（ㄇㄛˋ）觀其行，三年無改於父之道，可謂孝矣。」

〈白話〉

孔子說：「觀察一個人，要看他在父親活著的時候選擇什麼志向，在父親過世以後表現什麼行為。如果他能三年之久不改變父親做人處事的作風，

就可以稱得上孝順了。」

〈解讀〉

① 父之道：道是人生正途，引申為做人處事的作風，原則上都是要擇善固執，但是在每一個人身上的具體呈現卻各有不同。譬如，從甲地去乙地，大家方向一致，卻未必採取同一種交通工具，也未必選擇同一條路。子女維持父母的作風三年，盡了哀思孺慕之情，往後要靠自己建立行事作風，繼續走在人生正途上。本章後半句亦見於〈4‧20〉。

② 「三年」為古人守父母喪的期間，實為二十五個月，參看〈17‧21〉的討論。「無改於父之道」是對統治階級的期許，因此孔子稱讚孟莊子之孝為「不改父之臣與父之政」（〈19‧18〉）。

〈1‧12〉

有子曰：「禮之用，和為貴，先王之道斯為美，小大由之。有所不行，知和而和，不以禮節之，亦不可行也。」

〈白話〉

有子說：「禮在應用的時候，以形成和諧最為可貴。古代帝王的治國作風，就以這一點最為完美，無論小事大事都要依循禮的規定。遇到有些地方行不通時，如果只知為了和諧而求和諧，沒有以禮來節制的話，恐怕還是成不了事的。」

〈解讀〉

① 先王：古代帝王，如堯、舜、禹、湯、文、武等。

② 道：在帝王來講，是治國之道，引申為治國作風。

③ 美：古代美與善可以通用。在《論語》中，善側重品德所造成的具體效果；美則用以形容一切合宜的事物或作為，應用範圍較廣。參考「里仁為美」〈4‧1〉。

〈1‧13〉

有子曰：「信近於義，言可復也。恭近於禮，遠恥辱也。因不失其親，亦可宗也。」

〈白話〉

有子說：「與人約信，盡量合乎道義，說話才能實踐。謙恭待人，盡量合乎禮節，就會避開恥辱。施恩於人，而不失去原有的愛心，也就值得尊敬了。」

〈解讀〉

① 信：信、恭、因三字，前兩者都是指人際相處的一種操守或品德，「因」也不應例外。古代因與恩可以通用。施恩於人，久而流於形式，失去原有的愛心，如此又怎能受人尊重？此語若作別解，皆不知所云。

② 近於：接近而不相同於。譬如，義與禮是原則，而信與恭是實際的作為，所以要盡量符合原則的要求。這段話代表有子的見解。孔子學生的說法，表達學生個人的心得，可供參考，但不能與孔子本人的言論等量齊觀。

〈1‧14〉

子曰：「君子食無求飽，居無求安，敏於事而慎於言，就有道而正焉。可謂好學也已。」

〈白話〉

孔子說：「一個君子，飲食不求滿足，居住不求安適，辦事勤快而說話謹慎，主動向志行高尚的人請求教導指正。這樣可以稱得上是好學的人了。」

〈解讀〉

① 君子：在此指立志成為君子的人。

② 有道：明白人生正途並且修行成果可觀的人，在此可指志行高尚者。

③ 好學：在此有三個步驟。首先要降低物質享受的欲望，其次要在言行上磨鍊及改善自己，然後再虛心向良師請益，使自己走在正途上。

④ 關於好學之人，參看〈5‧27〉、〈6‧3〉、〈5‧14〉。

〈1‧15〉

子貢曰：「貧而無諂（ㄔㄢˇ），富而無驕，何如？」。子曰：「可也。未若貧而樂道，富而好禮者也。」。子貢曰：「《詩》云：『如切如磋，如琢如磨。』其斯之謂與？」子曰：「賜（ㄘˋ）也，始可與言《詩》已矣！告諸往而知來者。」

〈白話〉

子貢說：「貧窮而不諂媚，富有而不驕傲，這樣的表現如何？」孔子說：「還可以。但是比不上貧窮而樂於行道，富有而崇尚禮儀的人。」子貢說：「《詩經》上說：『就像修整骨角與玉石，要不斷切磋琢磨，精益求精。』這就是您所說的意思吧？」孔子說：「賜呀，現在可以與你討論《詩經》了！告訴你一件事，你可以自行發揮，領悟另一件事。」

〈解讀〉

① 貧而樂道：此語為「貧而樂」或「貧而樂道」，自古即有爭議。《史記‧仲尼弟子列傳》有引文「不如貧而樂道」。亦可參考《莊子‧讓王》中，顏淵說：「所學夫子之道者足以自樂也。」由此可知，「貧而樂道」合乎情理。「貧而樂」則不僅文義不足，甚至不知所云。道是人生正途。人在窮困時，較能顯示志節的高低，這時除了「無諂」之外，如果進而堅持行道，並且以此為樂，就接近「人之成」的境界了。顏淵是最好的例證，見〈6‧11〉。富有的人也可以行道，就是除了「無驕」之外，還須進而好禮。無諂與無驕是努力避免缺點，樂道

與好禮則是積極有為的表現。後者顯示了更高的境界。參考〈14‧
10〉

② 詩云：引文出自《詩‧衛風‧淇澳》。

〈1‧16〉
子曰：「不患人之不己知，患不知人也。」

〈白話〉
孔子說：「不擔心別人不了解我，只擔心我不了解別人。」

〈解讀〉
① 不己知：別人不了解我，不但不會減損我的才學與品德，反而促使我
　 更努力進德修業。當然，我也可以循正當途徑讓別人認識我。
② 不知人：我不了解別人，這才是大問題。年輕時，要尋找志同道合的
　 朋友；年長時，要提拔正直有為的後輩；若不知人，難免造成許多錯
　 誤，悔之莫及。
③ 參考〈1‧1〉、〈4‧14〉、〈14‧30〉、〈15‧19〉。

〈2・1〉
子曰：「為政以德，譬如北辰，居其所而眾星共（《ㄨㄥˇ》）之。」

〈白話〉
孔子說：「以德行來治理國家，就像北極星一樣，安坐在它的位置上，其他星辰環繞著它而展布。」

〈解讀〉
① 德：古代有德治、禮治、法治、刑治的分別。德治的基礎，主要在於帝王本身的高尚品德，因此帝王責任重大，而效果據說也十分理想，幾乎像是無為而治了。事實上，德治與無為而治不同，但是為何天下自然而然歸於太平？這是因為孔子對人性有一個基本信念，就是人性向善，所以百姓會自動回應德治的帝王。參考〈15・5〉。
② 譬如：使用比喻，不僅是為了引發聽者的活潑聯想，也是為了孔子所描述的意境很難直接說明白。
③ 《論語》所謂「為政」，多指諸侯；「執政」多指卿；「從政」多指大夫。

〈2・2〉
子曰：「《詩》三百，一言以蔽之，曰：思無邪。」

〈白話〉
孔子說：「《詩經》三百篇，用一句話來概括，可以稱之為：無不出於真情。」

〈解讀〉

① 《詩經》共三百十一篇（實際收錄三〇五篇，另外小雅六篇有標題而無內容），分為「國風、小雅、大雅、周頌、魯頌、商頌」等部分。

② 思：發語詞，不指心思。無邪：沒有虛偽造作，都是真情流露。文學作品最怕無病呻吟。

③ 思無邪：出於《詩‧魯頌‧駉》，描寫馬向前直行的勇健貌，引申為詩人直抒胸懷，所作無不出於真情。其原文為「思無邪，思馬斯徂」（意為：沒有偏斜啊，馬的這種奔行）。參考〈17‧9〉、〈3‧20〉。

〈2‧3〉

子曰：「道（ㄉㄠˇ）之以政，齊之以刑，民免而無恥。道之以德，齊之以禮，有恥且格。」

〈白話〉

孔子說：「以政令來教導，以刑罰來管束，百姓免於罪過但是不知羞恥。以德行來教化，以禮制來約束，百姓知道羞恥還能走上正途。」

〈解讀〉

① 政刑是自古治國所不能廢者，但是只靠政刑（就如只靠法治）是絕對不夠的。

② 德，禮：德是順應人性的善行。禮是人際行為的規範，在古代包括君臣上下之區別，親疏遠近之等級，衣服宮室之制定，進退動作之禮儀等。「格」字有「至」、「正」二解，可合而觀之。既有德治與禮教，使民知羞恥，懂得分辨善惡，則進一步可以走上正途。

〈2‧4〉

子曰：「吾十有五而志於學，三十而立，四十而不惑，五十而知天命，六十而〔耳〕順，七十而從心所欲不踰矩。」

〈白話〉

孔子說：「我十五歲時，立志於學習；三十歲時，可以立身處世；四十歲時，可以免於迷惑；五十歲時，可以領悟天命；六十歲時，可以順從天命；七十歲時，可以隨心所欲都不越出規矩。」

〈解讀〉

① 學：學的內容、方法與目的，請參考〈1‧1〉解讀③。關於「志」，參考〈4‧4〉、〈4‧9〉、〈7‧6〉。

② 立：這是學習做人處事的成效，由此立於禮，走上人生正途。參考〈16‧13〉、〈20‧3〉。

③ 不惑：由於兼顧學與思，並重學與行，對於人間一切事件都能明白其道理而不再困惑。參考〈12‧10〉、〈12‧21〉。

④ 知天命：領悟自己負有使命，必須設法去完成。這種使命的來源是天，所以稱為天命。孔子的天命包括三項內容：一、從事政教活動，使天下回歸正道；二、努力擇善固執，使自己走向至善；三、了解命運無奈，只能盡力而為。

⑤ 順：由知天命而畏天命〈16‧8〉，然然對於天命的具體要求，必須順從與實踐。孔子從五十五歲至六十八歲周遊列國，備極艱辛，在別人看來是天之「木鐸」〈3‧24〉，是「知其不可而為之」〈14‧38〉，並且兩度遇到生命危險時〈7‧23〉〈9‧5〉，都立即訴求於天，表示他是順天命而行。孔子的「天」概念，參考〈11‧9〉解讀②。

⑥ 〔耳〕順：耳為衍文。理由是：一，孔子自述的六個階段都是直接以「動詞」描寫修行的進境（如志、立、不惑、知、順、不踰），不宜有例外。二，順天命與孔子生平事蹟（自五十五歲至六十八歲周游列國）完全相應（參考〈3‧24〉），耳順則無合理解釋。三，唐朝敦煌石經的版本是「六十如順」，無耳字。四，孟子私淑孔子，談到「順天」，並且在宣稱「舍我其誰」時，正是想要順天命；除此之外，他也未曾提起耳順。五，先秦儒家典籍從未談及「耳順」，倒是一再談到「順天命」，「順乎天」等，這些在《易傳》中多次出現，請參考

我對《易經》的譯解。《論語》另外三次出現「耳」字時，皆與「耳順」無關，如〈6‧14〉、〈8‧15〉、〈17‧4〉。

⑦ 七十：這是天人合德的體驗。不過，由此可知「從心所欲」很難「不踰矩」，因此不能以為心是本善的。這一點另外還會說明，如〈6‧7〉。

〈2‧5〉

孟懿子問孝。子曰：「無違。」樊遲御，子告之曰：「孟孫問孝於我，我對曰：『無違。』」樊遲曰：「何謂也？」子曰：「生，事之以禮；死，葬之以禮，祭之以禮。」

〈白話〉

孟懿子請教什麼是孝。孔子說：「不要違背禮制。」樊遲為孔子駕車時，孔子對他說：「孟孫問我什麼是孝，我回答他：『不要違背禮制。』」樊遲說：「這是什麼意思呢？」孔子說：「父母活著的時候，依禮的規定來侍奉他們；父母過世後，依禮的規定來安葬他們，依禮的規定來祭祀他們。」

〈解讀〉

① 孟懿子：魯國大夫仲孫何忌，小孔子二十歲，曾經奉父親孟僖子之命，向孔子學禮（當時孔子三十四歲）。當時魯國有孟（亦即原來的仲）、叔、季三位大夫把持朝政，經常違禮僭禮。孔子因材施教，提醒孟懿子即使在父母死後也須謹守禮制，否則仍是不孝。稍後孔子以「孟孫」稱之，乃稱其家之氏名。有關魯國的「三家」（或「三桓」），參考，〈3‧2〉。

② 無違：只有無違於禮，才能實現孝順之心意。內在的孝心與外在的禮法配合，才是孝的實踐。孝是人生的主要善行，所以有「百善孝為先」的說法。凡行善，必須考慮三點：一，內心感受要真誠；二，對方期許要溝通；三，社會規範要遵守。如此才可確定如何行善。而所

謂「善」意為一人與別人之間適當關係之實現。判斷如何才是「適當」需要智慧與生活經驗。因此孔子回答弟子問孝時，會因材施教，其考慮即是上述三點。譬如本章所側重的是「社會規範要遵守」。

③ 樊遲：樊須，字子遲，魯國人，小孔子四十六歲。

④ 《論語》談「孝」，自〈2·5〉以下四章，以及自〈4·18〉以下四章。

〈2·6〉

孟武伯問孝。子曰：「父母唯其疾之憂。」

〈白話〉

孟武伯請教什麼是孝。孔子說：「讓父母只為子女的疾病憂愁。」

〈解讀〉

① 孟武伯：仲孫彘，孟懿子的兒子。

② 憂：子女各方面都表現良好時，才能使父母「只為」他們的疾病擔心，而不必再擔心其他問題：這樣就表現了孝的行為。疾病不是人力可以控制的，所以子女更要多加保重身體。參考上一章解讀②，可知本章所談的孝，側重的是「對方期許要溝通」。

〈2·7〉

子游問孝。子曰：「今之孝者，是謂能養。至於犬馬，皆能有養。不敬，何以別乎？」

〈白話〉

子游請教什麼是孝。孔子說：「現在所謂的孝，是指能夠侍奉父母。但是像狗與馬，也都能服侍人。如果少了尊敬，又要怎樣分辨這兩者呢？」

① 子游：言偃，字子游，吳國人，小孔子四十五歲。列名文學科〈11·
   3〉。

② 能養：包括飲食起居的照顧與侍奉。犬馬對人的服侍則指可以守衛、
   拖車等。此處以「犬馬」喻子女，而非以「犬馬」喻父母，務請仔細
   分辨。參考《禮記·坊記》：「子云：小人皆能養其親，君子不敬，
   何以辨？」意謂：君子若是對父母養而不敬，則何以異於小人？本章
   所謂犬馬，正是有如小人之能養其父母而不知敬。

③ 本章談孝，所側重的是「內心感受要真誠」，後續談孝之處可以類推
   而知其側重之處。

〈2·8〉
子夏問孝：「子曰：「色難。有事，弟子服其勞；有酒食（ㄙˋ），
先生饌（ㄓㄨㄢˋ）；曾（ㄗㄥ）是以為孝乎？」

〈白話〉
子夏請教什麼是孝。孔子說：「子女保持和悅的臉色是最難的。有事要辦
時，年輕人代勞；有酒菜食物時，年長的人吃喝；難道這樣就可以算是孝
了嗎？」

〈解讀〉
① 色難：孝順出於子女愛父母之心，這種愛心自然表現為和悅的神情與
   臉色。這一點確實遠比為父母做事與請父母吃飯要困難多了。

② 弟子：弟子與先生對舉，是指年輕人與年長的人，也可以指學生與老
   師。因此，對父母的親愛之情，還要超出學生對老師的敬愛表現。

〈2·9〉
子曰：「吾與回言終日，不違如愚。退而省其私，亦足以發，回也
不愚。」

〈白話〉

孔子說：「我整天與回談話，他都沒有任何質疑，好像是個愚笨的人。離開教室以後，留意他私下的言語行為，卻也能夠發揮不少心得。回並不愚笨啊！」

〈解讀〉

① 回：顏回，字子淵，又稱顏淵，魯國人，小孔子三十歲。列名於德行科第一〈11‧3〉，又被孔子推許為唯一好學的弟子。

② 不違：不覺得老師說的有什麼不對。這裡有三種可能性：一，真的很笨；二，完全不用心思，只是被動接受；三，領悟力很高，一聽就懂，所以欣然接受。顏回屬於第三種，不過要做到顏回那樣，必須有兩個前提：一是老師講的有道理，二是學生聽完後要證明自己確實有了心得。參考〈11‧4〉。

③ 發：學習之後，舉一反三，應用在生活中。由此可見孔子在教學上，最重視的是學生受到啟發而努力實踐，其次才是上課時認真聽講及思考，提出疑問來請教。

〈2‧10〉

子曰：「視其所以，觀其所由，察其所安；人焉廋（ㄙㄡ）哉？人焉廋哉？」

〈白話〉

孔子說：「看明白他正在做的事，看清楚他過去的所作所為，看仔細他的心安於什麼情況。這個人還能如何隱藏呢？這個人還能如何隱藏呢？」

〈解讀〉

① 視、觀、察：三者都是由我去看人，看的方法是要明白、清楚、仔細；看的對象是他現在、過去、未來的表現。古人用字比較精確，我們則往往用「觀察」一語帶過。關於「安」字，可參考〈17‧21〉之

「於女安乎？」

② 廋：藏匿。有時不是別人故意藏匿，而是我們自己疏於注意，只看現在而忽略過去與未來。

〈2·11〉
子曰：「溫故而知新，可以為師矣。」

〈白話〉
孔子說：「熟讀自己所學的知識，並由其中領悟新的道理，這樣才可以擔任老師啊。」

〈解讀〉
① 師：廣義的老師，凡是有一技之長（包括知識與技能）可以教導別人的，都包括在內。這裡所說的不是老師的客觀資格與條件，而是老師本身應有的自我期許。

〈2·12〉
子曰：「君子不器。」

〈白話〉
孔子說：「君子的目標，不是要成為一個有特定用途的器具。」

〈解讀〉
① 器：有一定用途，這是社會分工合作的要求，君子也不例外；但是他的目標並不局限於此，還要追求人生理想的實現。參考〈13·25〉，「及其使人也，器之」。

〈2‧13〉
子貢問君子。子曰：「先行其言，而後從之。」

〈白話〉
子貢請教怎樣才是君子。孔子說：「先去實踐你要說的話，然後按這個話繼續做下去。」

〈解讀〉
① 言：指德行方面的言論，因為這裡問的是「君子」。要做個君子，必須堅持走在人生正途上。譬如，大家都說「人應該孝順」，君子就須做到才說，然後堅持下去。其他像書本上的知識或日常的工作計畫，就不必要也不可能先做再說了。子貢為言語科的高材生〈11‧3〉，此章為孔子因材施教之例。

〈2‧14〉
子曰：「君子周而不比（ㄅㄧˋ），小心比而不周。」

〈白話〉
孔子說：「君子開誠布公而不偏愛同黨；小人偏愛同黨而不開誠布公。」

〈解讀〉
① 君子：君子指在位者或成德者，小人指無位者或未成德者。通常以成德與否來說的較多，所以「小人」一詞就有明顯的貶斥之意了。
② 周：君子走在人生正途上，只要遇到志同道合的人，不論是不是親朋故舊、同黨同派，都可以友善相處。這裡譯為「開誠布公」，是就君子沒有預定的成見或私心而言，不表示他是沒有原則的鄉愿。
③ 君子與小人的對比，參考〈4‧11〉、〈4‧16〉、〈7‧37〉、〈12‧16〉、〈13‧23〉、〈13‧25〉、〈13‧26〉、〈14‧6〉、〈14‧23〉、〈15‧2〉、〈15‧21〉、〈15‧34〉。

〈2‧15〉

子曰：「學而不思則罔，思而不學則殆。」

〈白話〉

孔子說：「學習而不思考，則將毫無領悟；思考而不學習，就會陷於迷惑。」

〈解讀〉

① 學：學生得自書本與老師者，如果不能進而思考其中道理，不但容易忘記，而且無法應用於生活上。參考〈15‧31〉。

② 思：沉思事物的道理，如果所根據的是自己有限的經驗與觀察，就無法找出連貫的系統而難免覺得茫然。參考「君子有九思」〈16‧10〉。

〈2‧16〉

子曰：「攻乎異端，斯害也已。」

〈白話〉

孔子說：「批判其他不同立場的說法，難免帶來後遺症。」

〈解讀〉

① 異端：與我不同的主張，並不代表一定不對。孔子希望大家「道不同，不相為謀」〈15‧40〉，而不必互相批判。

② 害：自古以來不同學派互相批判，造成眾說紛紜、爭論不休的禍害。不過，如果不用「攻」，而用互相切磋請益，則未嘗不能促使學術進步。孔子本人的態度在做人與為學上顯然都是寬容的。

〈2‧17〉

子曰：「由，誨女（ㄖㄨˇ）知之乎！知之為知之，不知為不知，是知也。」

〈白話〉

孔子說：「由，我來教你怎樣求知吧！知道就是知道，不知道就是不知道；這樣才是求知的態度。」

〈解讀〉

① 由：仲由，字子路，又名季路，魯國人，小孔子九歲。列名於政事科〈11‧3〉。《論語》中，孔門弟子出現次數之多，首推子路。

② 知之：知道就是知道，不必缺乏信心；不知道就是不知道，不可虛張聲勢；然後才會腳踏實地，認真學習。

〈2‧18〉

子張學干（ㄍㄢ）祿。子曰：「多聞闕（ㄑㄩㄝ）疑，慎言其餘，則寡尤；多見闕殆，慎行其餘，則寡悔。言寡尤，行寡悔，祿在其中矣。」

〈白話〉

子張請教怎樣獲得官職與俸祿。孔子說：「多聽各種言論，有疑惑的放在一邊，然後謹慎去說自己有信心的，這樣就會減少別人的責怪；多看各種行為，有不妥的放在一邊，然後謹慎去做自己有把握的，這樣就能減少自己的後悔。說話很少被責怪，做事很少會後悔，官職與俸祿自然不是問題。」

〈解讀〉

① 子張：顓孫師，字子張，陳國人，小孔子四十八歲。

② 干祿：從政做官，得到俸祿。這是古代念書人的主要出路，其目的可以包括追求功成名就與造福百姓。孔子所教的，顯然重在修身，修身而有官位，自然會勤政愛民。

〈2‧19〉

哀公問曰：「何為則民服？」孔子對曰：「舉直錯（ㄘㄨㄟˋ）諸枉，則民服；舉枉錯諸直，則民不服。」

〈白話〉

魯哀公問說：「要怎麼做，百姓才會順服？」孔子答說：「提拔正直者，使他們位於偏曲者之上，百姓就會順服；提拔偏曲者，使他們位於正直者之上，百姓就不會順服。」

〈解讀〉

① 哀公：當時的魯君（494-468B.C.在位），為定公之子。孔子與魯哀公的問答都是在他六十八歲回到魯國以後的事。

② 直：正直者，秉持原則，盡忠職守。與此相對的，是偏曲者，欺上瞞下，玩弄權術。錯：放置於上。

③ 從「民服」與「民不服」，可知孔子認為：「人性」在正常情況下的表現是「向善」的。參考〈12‧19〉。

〈2‧20〉

季康子問：「使民敬忠以勸，如之何？」子曰：「臨之以莊，則敬；孝慈，則忠；舉善而教不能，則勸。」

〈白話〉

季康子問說：「要使百姓尊敬、效忠與振作，應該怎麼做？」孔子說：「以莊嚴態度面對百姓，他們就會尊敬；以仁慈之心照顧百姓，他們就會效忠；提拔好人並且教導能力不足的人，他們就會振作起來。」

〈解讀〉

① 季康子：季孫肥，當時魯國執政的上卿。孔子與季康子的問答是在他晚年回到魯國以後的事。

② 孝慈：對待百姓像對待親人。先說莊嚴再說孝慈，正如「父嚴母慈」，百姓自然既敬且忠。

③ 勸：互相勸勉以求振作。從孔子的回答看來，振作的目標應該是走上善途。

〈2‧21〉
或謂孔子曰：「子奚不為政？」子曰：「《書》云：『孝乎惟孝，友于兄弟，施（一ㄟ）於有政。』是亦為政，奚其為為政？」

〈白話〉
有人對孔子說：「您為什麼不參與政治？」孔子說：「《書》上說：『最重要的是孝順父母，友愛兄弟，再推廣到政治上去。』這就是參與政治了，不然，如何才算參與政治呢？」

〈解讀〉
① 或：某人，不能確定是誰，但其言論流傳下來。《論語》中，「或」字指「某人」的有13見。

② 孝、友：人人孝順父母、友愛兄弟姊妹，家庭自然和樂。推廣到整個社會，政治也就上軌道了。這是古代的理想，在舜的身上或許可以實現。施：推廣。

③ 《書》在此是指《周書‧君陳》。君陳為周公之子，他在周公死後，受成王所封並頒布此篇文告。

〈2‧22〉

子曰:「人而無信,不知其可也。大車無輗(ㄋㄧˊ),小車無軏(ㄩㄝˋ),其何以行之哉?」

〈白話〉

孔子說:「一個人說話不講信用,真不知道他怎麼與人交往。就像大車沒有接連橫木的輗,小車沒有接連橫木的軏,車子要怎麼拉著走呢?」

〈解讀〉

① 輗、軏:古代以大車為牛車,小車為馬車。車前有橫木套住牛馬,橫木的連接關鍵分別稱為輗與軏。今日難以深究輗軏,只知道孔子以此為喻,說明「信」為立身處世的基本條件。

〈2‧23〉

子張問:「十世可知也?」子曰:「殷因於夏禮,所損益可知也。周因於殷禮,所損益可知也。其或繼周者,雖百世可知也。」

〈白話〉

子張請教:「未來十代的制度現在可以知道嗎?」孔子說:「殷朝沿襲夏朝的禮制,所廢除的與所增加的,可以知道;周朝沿襲殷朝的禮制,所廢除的與所增加的,可以知道。以後若有接續周朝的國家,就算歷經百代也可以知道它的禮制。」

〈解讀〉

① 世:與代通用,有時指「三十年為一世」,有時指「父子相承為一世」,在政治上就是新君即位。因此,這裡所問的是十代以後的君主,指其制度而言。

② 損益:根據前兩次的損益,可以推知什麼是禮制中不可損與不可益的,再推到世世代代皆是如此。

〈2‧24〉

子曰：「非其鬼而祭之，諂也。見義不為，無勇也。」

〈白話〉

孔子說：「不屬於自己應該祭祀的鬼神，若是去祭祀，就是諂媚。看到該做的事而沒有採取行動，就是懦弱。」

〈解讀〉

① 鬼：古代相信人死為鬼，因此祖先皆稱為鬼，受享子孫的祭祀。此外，人還各依身分規定，可以祭祀別的鬼神。孔子並未懷疑鬼神的存在，只是強調人對鬼神不應有諂媚與求福之心。這裡所批評的兩件事，分別是「不當為而為」與「當為而不為」，都是人們常犯的毛病。

② 孔子談到鬼神，總是不忘提醒人要盡好現世的本分，如「務民之義，敬鬼神而遠之，可謂知矣。」〈6‧22〉。

〈3‧1〉
孔子謂季氏八佾（一ˋ）舞於庭：「是可忍也，孰不可忍也！」

〈白話〉
季氏在家廟的庭前，舉行天子所專享的八佾之舞。孔子評論這件事時，說：「這可以容忍，還有什麼是不可容忍的！」

〈解讀〉
① 季氏：指季平子，名為季孫意如，為魯國當權卿大夫，曾把魯昭公逐出國境，另立昭公之弟為定公。定公即位時，孔子四十三歲。
② 八佾：舞名，每佾八人，八佾六十四人，為天子所享之禮樂。諸侯六佾，大夫四佾，士二佾。季平子以大夫身分而僭用天子之禮樂，無異於禮壞樂崩，天下無道，所以孔子極為不滿。此事發生於孔子三十五歲左右。

〈3‧2〉
三家者以《雍》徹。子曰：「『相（ㄒㄧㄤˋ）維辟（ㄅㄧˋ）公，天子穆穆。』奚取於三家之堂？」

〈白話〉
魯國三家大夫在祭祖典禮中，冒用天子之禮，唱著《雍》詩撤除祭品。孔子說：「《雍》詩上有『助祭的是諸侯，天子莊嚴肅穆地主祭。』這兩句話在三家的廟堂中怎麼用得上呢？」

① 三家：古代諸侯有國，大夫有家。魯國的三家皆為魯桓公的後代，又
　　稱三桓。桓公傳位於莊公，另有庶子慶父、叔牙、季友，其後代分別
　　稱為仲孫（後改稱孟孫）、叔孫、季孫。「孫」是指桓公子孫而言。
　　由於最初慶父與叔牙皆得罪以死，季友成為宗卿，可立桓公之廟。三
　　家之堂即指桓公之廟。參考〈16・3〉。

② 雍：引自《周頌・雍》。「相」，助祭者；「維」，語詞；辟公，辟
　　為君，辟公指諸侯。古代天子宗廟之祭結束，收拾祭品（徹）時，詠
　　唱《雍》詩。

③ 堂：根據古代廟制，室外為堂，堂外為庭。歌《雍》在堂，而舞佾在
　　庭。後代以「舞佾歌雍」表示僭禮之至。

〈3・3〉

子曰：「人而不仁，如禮何？人而不仁，如樂（ㄩㄝˋ）何？」

〈白話〉

孔子說：「一個人沒有真誠的心意，能用禮做什麼呢？一個人沒有真誠的
心意，能用樂做什麼呢？」

〈解讀〉

① 仁：就人之性而言，是指真誠的心意以及向善的自覺力量；就人之道
　　而言，是指人生正途或擇善固執；就人之成而言，是指完美的人格。
　　如果這句話要全部說清楚，就是：「一個人沒有真誠的心意，不走在
　　人生正途上，又缺少完美的人格，那麼禮樂再多有什麼用呢？」在
　　此，以真誠的心意來解讀「仁」字，較為貼切。參考〈17・11〉。

〈3‧4〉

林放問禮之本。子曰：「大哉問！禮，與其奢也，寧儉；喪，與其易也，寧戚。」

〈白話〉

林放請教禮的根本道理。孔子說：「你提的真是大問題！一般的禮，與其鋪張奢侈，寧可儉約樸素；至於喪禮，與其儀式周全，不如心中哀戚。」

〈解讀〉

① 林放：魯國人，背景不詳。

② 奢、儉：代表兩個極端，儉可以避免繁文縟節，比較接近禮的本質，就是真誠的心意。

③ 易、戚：有重外與重內之分。喪禮對真誠心意的強調，更甚於其他的禮，所以孔子特別加以說明。另外，奢與儉無法並取，易與戚卻可以兼顧，只是須分清本末。或許這就是孔子答覆「禮之本」的要旨吧。這段話顯示了孔子「承禮啟仁」的基本觀點。

〈3‧5〉

子曰：「夷狄之有君，不如諸夏之亡（ㄨˊ）也。」

〈白話〉

孔子說：「夷狄還知道有君主，不像周朝諸國連君主都沒有了。」

〈解讀〉

① 夷狄：古代中國人以自己為文明開化者，稱四方之族為「東夷、西戎、南蠻、北狄」。

② 諸夏：夏，大也，中國也。周朝諸國，為華夏文明區。春秋期間，周朝曾經五年沒有天子；魯國曾經九年沒有國君。

〈3‧6〉

季氏旅於泰山。子謂冉有曰:「女(ㄖㄨˇ)弗能救與?」對曰:「不能。」子曰:「嗚呼,曾(ㄗㄥ)謂泰山不如林放乎?」

〈白話〉

季氏將去祭祀泰山。孔子對冉有說:「你不能阻止他嗎?」冉有回答:「不能。」孔子說:「嗚呼,難道你們認為泰山之神不像林放一樣懂得禮嗎?」

〈解讀〉

① 旅:祭祀的名稱,陳列祭品而祭。當時的禮規定:只有天子與諸侯可以祭祀境內山川。季氏是大夫,祭則僭禮。

② 冉有:冉求,字子有,小孔子二十九歲。列名政事科〈11‧3〉。當時冉有為季氏家臣,參看〈16‧1〉。

③ 泰山、林放:以泰山之神與林放相比,顯示孔子的感嘆與深責。

〈3‧7〉

子曰:「君子無所爭,必也射乎。揖讓而升下而飲,其爭也君子。」

〈白話〉

孔子說:「君子沒有什麼可爭的,如果一定要爭,那就比賽射箭吧。比賽時,上下台階與飲酒,都拱手作禮、互相謙讓,這樣的競爭也是很有君子風度的。」

〈解讀〉

① 必也:此為假設語句,意為「如果一定要」。這種用法還有多次。

② 射:古代六藝之一,為男子必學的基本武藝,可用於防身、作戰,也是一種娛樂與競賽項目。因此,關於射,定有明確的禮儀。

③ 爭：依禮而行，重點在參與人際互動，而不在勝過別人。

〈3‧8〉
子夏問曰：「『巧笑倩（ㄑㄧㄢˋ）兮，美目盼（ㄆㄢˋ）兮，素以為絢（ㄒㄩㄢˋ）兮。』何謂也？」子曰：「繪（ㄏㄨㄟˋ）事後素。」子夏曰：「禮後乎？」子曰：「起予者商也。始可與言詩已矣。」

〈白話〉
子夏請教說：「『笑眯眯的臉真好看，滴溜溜的眼真漂亮，白色的衣服就已經光采耀目了。』這句詩是什麼意思？」孔子說：「繪畫時，最後才上白色。」子夏接著說：「那麼，禮是不是後來才產生的？」孔子說：「能夠帶給我啟發的，是商啊。現在可以與你談詩了。」

〈解讀〉
① 素以為絢：以素為絢，以白色為多彩，意思是：麗質天生的美女，不必多作裝飾，只要穿上素色衣服就很吸引人了。此詩前兩句引自《詩‧衛風‧碩人》。

② 繪事後素：古代繪畫是先上各種顏色，最後以白色分布其間，使眾色突顯出來。《周禮‧冬官考工記》說：「凡畫繢之事後素功。」鄭玄注云：「『素，白采也。後布之，為其易漬污也。』意即：素是白色染料，最後才塗上去，因為它容易被染污弄髒。由此可知，孔子所說的是：繪畫這件事，最後上白色。朱熹的注解加了一個字，成為「繪事後於素」，使其意思顛倒了。先秦時代並無白紙可用，所以朱注的「在白紙上畫彩色」是臆測之詞。正因為子夏問的「禮後乎」是以禮為白色，所以才得到孔子的讚嘆。

③ 禮後：禮像白色一樣，是為了使原有的美質展現，而不是另外加上特定的色彩。通常人們以為禮是文飾，而忘記這種文飾的設計是為了適當表達人性原有的情意與感受。人的真實情感是彩色的，禮是白色的。禮可以使情感適當表現，正如前引《詩》所云「素以為絢」（以

素為絢，白色衣服使女子光彩耀目）。《易經》賁卦講裝飾，其最高層次為「白賁」（以白為飾）。禮即是白色，若無情感，只是空洞的形式。

④ 起予者：子夏不但聯想力強，而且理解十分正確，所以得到孔子高度肯定。本章乃了解儒家重視真誠之重要資料，實不可誤讀。

〈3‧9〉
子曰：「夏禮吾能言之，杞（ㄑㄧˇ）不足徵也。殷禮吾能言之，宋不足徵也。文獻不足故也。足，則吾能徵之矣。」

〈白話〉
孔子說：「夏朝的禮制我能敘述，它的後代杞國沒有辦法證實。殷朝的禮制我能敘述，它的後代宋國沒有辦法證實。這都是資料與人才不夠的緣故。若有足夠的資料與人才，我就能證實了。」

〈解讀〉
① 杞：夏朝滅亡後，子孫封於杞國，積弱不振，多次遷徙。《列子》書中有「杞人憂天」的比喻。
② 宋：殷朝之後，封於宋國，國勢也每況愈下。《孟子》書中有宋國農夫「揠苗助長」的比喻。
③ 徵：孔子博學多識，但是談到有關歷史事實則十分謹慎，總要找到可靠資料與專業人才，然後才下斷語。

〈3‧10〉
子曰：「禘（ㄉㄧˋ）自既灌而往者，吾不欲觀之矣。」

〈白話〉
孔子說：「舉行禘祭時，從獻玉這一步以後，我就不想仔細觀看了。」

〈解讀〉

① 禘：古代的大祭，有祭天、祭地與祭祖先之分。天子與諸侯各有祭祖
　先於宗廟的禘，後來周成王感念周公大德，特賜其後代子孫在魯國為
　周公舉行天子的禘祭。演變下來，魯國之君也用天子的禘祭來祀其父
　祖，於是形成僭越之舉。

② 既灌：禘祭的儀式與獻禮既繁複又隆重，「既灌」是禘祭開始不久，
　獻上圭璋以迎祖先之靈，這是天子之禘與諸侯之禘相似的部分，但是
　自此以後的儀式與獻禮大不相同。孔子眼見魯君習於僭禮之禘祭，不
　免深感遺憾，所以他說自既灌以後不想看了。

〈3‧11〉

或問禘之說。子曰：「不知也。知其說者之於天下也，其如示諸斯
乎！」指其掌。

〈白話〉

有人請教禘祭的理論。孔子說：「我不知道啊。知道這種理論的人若要治
理天下，就好像看著這裡吧！」他指著自己的手掌。

〈解讀〉

① 禘：禘祭界定了人與天、地、祖先的關係，引發人的報本反始之心，
　只要明白其中的理論，治國就順理成章了。

② 不知：有三種可能性：一，問題太大了，無從說起；二，禘禮已被僭
　用，說了於事無補；三，孔子真的不知道其中的細節。不知道全部的
　理論，並不表示不知道這種理論的效果。

〈3‧12〉

祭如在。祭神如神在。子曰：「吾不與祭如不祭。」

〈白話〉

祭祀時有如受祭者真的臨在。祭鬼神時有如鬼神真的臨在。孔子說：「我
不贊成那種祭祀時有如不祭祀的態度。」

〈解讀〉

① 祭：祭祀的對象是祖先與神明，合稱鬼神。前兩句意思一樣，強調行
祭者的虔誠態度。

② 如：有如，好像。我們不能以「如」字來證明孔子不信鬼神存在，或
者說他只偏重人的主觀想像。鬼神的存在當然沒有具體的形象，但是
他們的作用則不能被否定，這是古人祭祀的前提。為了顯示這種作
用，行祭者必須有齋戒之準備，以求專心與誠意，行祭時更要虔誠恭
敬，這才是「如」字所指的意思。參考〈7．13〉。

③ 不與：不贊成。本章全部在談祭祀時的虔誠態度，所以孔子的話總結
了這種觀點。「祭如不祭」四字為一語，表示態度不虔誠，正可對照
開頭所描述的孔子的態度：「祭如在。祭神如神在。」

〈3．13〉

王孫賈問曰：「『與其媚於奧，寧媚於竈（ㄗㄠˋ）。』何謂也？」
子曰：「不然。獲罪於天，無所禱也。」

〈白話〉

王孫賈請教：「『與其討好尊貴的奧神，不如討好當令的竈神。』這句話
是什麼意思？」孔子說：「不是這樣的。一個人得罪了天，就沒有地方可
以獻上禱告了。」

〈解讀〉

① 王孫賈：衛國大夫，他以流行的成語請教孔子。一般認為，奧是指衛
靈公夫人南子，竈是指當權大夫彌子瑕。參照〈14．19〉。

② 奧、竈：奧在室內西南角，地位尊貴。竈則負責飲食之事，較有實用
價值。

③ 天：孔子接受周人信仰，以天為至高神明與萬物主宰。我們可以說：一個人憑良心做事「符合」天意；但不能說：天意「就是」我們的良心。孔子的話清楚指出：我們的祈禱與獲罪，都以天為最後的與最高的對象。參照〈7‧35〉。關於孔子的「天」概念，參考〈11‧9〉解讀②。歷代學者有以天為君（孔安國），或以天為理（朱熹），皆為迂曲。孔子自謂「五十而知天命」。天為其禱告對象，因此對天命要知、要畏、要順，乃合理之事。

〈3‧14〉
子曰：「周監於二代，郁（ㄩㄝˋ）郁乎文哉！吾從周。」

〈白話〉
孔子說：「周代的禮教制度參酌了夏殷二代，形成了多麼燦爛可觀的文化啊！我是遵從周代的。」

〈解讀〉
① 文：文化，主要指禮樂，背後則是人文化成的理想。孔子後來宣稱，自周文王死後，維繫文化的具體責任就落在他的身上了〈9‧6〉。由此可知，以文化陶冶人才，以人才發揚文化，兩者必須兼顧。
② 孔子的祖先可以推到宋國王室，所以他是殷人後代。他說「吾從周」一語，就有重視文化勝於族群之意。

〈3‧15〉
子入大（ㄊㄞˋ）廟，每事問。或曰：「孰謂鄹（ㄗㄡ）人之子知禮乎？入大廟每事問。」子聞之曰：「是禮也。」

〈白話〉
孔子進入周公廟，對每一項禮器與擺設都要發問。有人說：「誰說這一位鄹邑的年輕人懂得禮呢？他在周公廟裡什麼都要發問。」孔子聽到這種批

評，就說：「問清楚行禮的細節，這就是禮啊！」

〈解讀〉

① 大廟：魯國的周公廟。禮的本質是敬，孔子「每事問」，表現敬謹之
　至的心態。

② 鄹人：孔子父親叔梁紇曾任鄹邑大夫，一般習稱為鄹人，所以孔子被稱
　為「鄹人之子」。由此章可知，孔子在當時已有「知禮者」之名聲。

〈3·16〉
子曰：「射不主皮，為力不同科，古之道也。」

〈白話〉

孔子說：「射箭不只為了射中箭靶，徵用勞役不能採用單一標準；這些是
古代的作風。」

〈解讀〉

① 射：主皮是射中箭靶，當然是古代習射的目的之一；但是，同時必須
　兼顧禮儀與風度，否則流於粗野及爭勝。這是教民以禮。參考〈3·
　7〉。

② 為力：古代徵用勞力，按每家人口多少分為三科，而不是不顧實際情
　況作硬性規定。這是使民以義。

③ 道：指相沿成習的作風，就像走出一條路一樣。

〈3·17〉
子貢欲去告（ㄍㄨㄟ）朔（ㄕㄨㄛˋ）之餼（ㄒㄧˋ）羊。子曰：「賜
也，爾愛其羊，我愛其禮。」

〈白話〉

子貢想要廢除告朔之禮所供的活羊。孔子說：「賜啊，你不捨得那隻羊，
我不捨得那種禮。」

〈解讀〉

① 告朔：古代天子每年頒告諸侯曆法，諸侯依其規定每月初一（朔）必須告朔於祖廟，以示尊君與上告祖先。到魯定公、哀公時，天子勢衰，不行告朔，而魯國官員還每月準備告朔禮所規定的活羊，所以子貢想要廢除這種有名無實又浪費的活動。

② 羊、禮：羊是告朔禮的一部分，如果去掉，就等於告朔禮完全消失，而君臣之間的適當關係也就更為模糊了。孔子所不捨的原因在此。

〈3‧18〉
子曰：「事君盡禮，人以為諂也。」

〈白話〉
孔子說：「服事君主完全遵照禮制的規定，別人卻以為他的作為是在諂媚討好。」

〈解讀〉

① 禮：古代重視君臣之禮。到了孔子時代，知道這種禮並且認真奉行的人已經很少了，以致盡禮事君的反而被視為諂媚。如果從這個角度去看孔子，會覺得他比較保守；但是放棄這個原則，所有的禮制都將變得可有可無，又要如何維持穩定的秩序呢？參考〈9‧3〉。

〈3‧19〉
定公問：「君使臣，臣事君，如之何？」孔子對曰：「君使臣以禮，臣事君以忠。」

〈白話〉
魯定公問：「君主使喚臣子，臣子服事君主，要怎麼做才好？」孔子回答說：「君主按照禮制來使喚臣子，臣子盡忠職守來服事君主。」

〈解讀〉

① 定公：魯定公（509-495B.C.在位），接續其兄昭公而即位。他由於季氏支持而得位，對於三家的勢力更是莫可奈何。定公十三年，孔子當時五十五歲，擔任大司寇，政績卓越；稍後則因故去職，展開為期十四年的周遊列國。

〈3・20〉

子曰：「《關雎（ㄐㄩ）》，樂而不淫，哀而不傷。」

〈白話〉

孔子說：「《關雎》這幾首詩的演奏，聽起來快樂而不致於沉溺，悲哀而不致於傷痛。」

〈解讀〉

① 《關雎》：《詩經・國風》的第一篇，古人有時以第一篇詩名綜括相關的幾篇。其次，說「演奏」是合詩的文詞與樂曲而言，較符合古代的狀況。

② 樂、哀：一般以《關雎》、《葛覃》為樂而不淫，並以《卷耳》為哀而不傷。《詩經》皆為真情之作，因而可以感動人心，又能適度合宜。參照〈2・2〉。

〈3・21〉

哀公問社於宰我，宰我對曰：「夏后氏以松；殷人以柏；周人以栗，曰：『使民戰栗』。」子聞之曰：「成事不說，遂事不諫，既往不咎。」

〈白話〉

魯哀公問宰我有關社主用木的事。宰我回答：「夏代用松木，殷代用柏木，周代用栗木，意思是說：『要使百姓緊張戰慄。』」孔子聽到這樣的

話，就說：「已成的事不能再解釋，過去的事不能再勸阻，從前種種也不能再責怪了。」

〈解讀〉

① 社：土神，古代建邦立國都要立社，以其都城地區合適的樹木為社主。情形大概是：社主所在之地有樹，有樹所製成的牌位，也有祭祀的廟。

② 宰我：宰予，字子我，魯國人，小孔子二十九歲。他是列名於言語科的學生〈11·3〉。在《論語》中，他每一次出現，都引發孔子的明確教誨，參看〈5·9〉，〈6·26〉，〈17·21〉。

③ 栗：古代栗木的栗與戰慄的慄，音同字同，可以聯想在一起。宰我的回答等於暗示魯哀公用武力解決三家大夫專權的現狀。

④ 成事：孔子這三句話意思相近，一方面提醒宰我不要自作聰明，另一方面則是不贊成用武力改變魯國現狀。孔子連說三句意思相似的話，這是很少見的。對於人間的現狀，與其追悔過去，不如把握現在、策畫未來。

〈3·22〉

子曰：「管仲之器小哉！」或曰：「管仲儉乎？」曰：「管氏有三歸，官事不攝，焉得儉？」「然則管氏知禮乎？」曰：「邦君樹塞（ㄙㄜˋ）門，管氏亦樹塞門，邦君為兩君之好有反坫（ㄉㄧㄢˋ），管氏亦有反坫；管氏而知禮，孰不知禮？」

〈白話〉

孔子說：「管仲的見識與度量太小了！」有人問：「他是不是節儉呢？」孔子說：「管仲有三處公館，手下人員不必兼職工作，怎麼算得上節儉呢？」這人再問：「那麼他懂得禮嗎？」孔子說：「國君在宮室的大門內設屏牆，管仲的公館也設屏牆；國君為了宴請友邦貴賓，在堂上設有放置酒杯的土台，管仲也安置了這樣的土台。管仲這種作為如果算是懂得禮，

那麼還有誰是不懂得禮的？」

〈解讀〉

① 管仲：管夷吾（約725-645B.C.），齊國大夫，四十年之久輔佐齊桓公，使他成為春秋初期的霸主。他有大功於民，但是未能繼續修身立德，以致終究局限在世俗的榮華富貴中。有關管仲的評價，可參考〈14‧9〉、〈14‧16〉、〈14‧17〉。

② 器：由見識與度量所產生的抱負。譬如，既然從政，就要在治國之後，立志平天下；或者，在一國之內，推行教化，求其長治久安；不然，也須在自我期許上，努力修養完美的人格。

③ 儉：在此發問的人，由器小而聯想到儉約，又由不儉而聯想到知禮，這是因為行禮的耗費很大。這些都反映了當時流行的誤解。

④ 三歸：三處公館，各有全套的人手與裝備，所以說是不儉。

⑤ 反坫：設在大堂兩柱之間的土台，專供宴飲時放置酒杯之用。坫是土台，反是放回（酒杯）。依禮，國君才能設反坫，管仲是大夫，這樣做就是違禮。

〈3‧23〉

子語（ㄩˋ）魯大（ㄊㄞˋ）師樂（ㄩㄝˋ），曰：「樂其可知也。始作，翕（ㄒㄧˋ）如也；從（ㄗㄨㄥˋ）之，純如也，皦（ㄐㄧㄠˇ）如也，繹（一ˋ）如也，以成。」

〈白話〉

孔子告訴魯國大樂官有關音樂的原理，說：「音樂是可以了解的。開始演奏時，眾音陸續出現，顯得活潑而熱烈；由此接下去，眾音和諧而單純，節奏清晰而明亮，旋律連綿而往復，然後一曲告終。」

〈解讀〉

① 魯大師：魯國的大樂官，這一位可能是師摯。

② 翕如：這四個詞都是比喻。藝術欣賞需要主觀體驗，無法以具體方式
　　說明白。

〈3‧24〉

儀封人請見，曰：「君子之至於斯也，吾未嘗不得見也。」從者見
（ㄒㄧㄢˋ）之。出曰：「二三子何患於喪乎？天下之無道也久矣！
天將以夫子為木鐸。」

〈白話〉

守儀城的封疆官員請求與孔子相見，說：「有名望的君子來到這裡，我從
來沒有不與他相見的。」隨行的學生安排了他們會面，他出來之後，說：
「你們這些人為什麼擔心失去官位呢？天下沒有正道的時期已經夠久了，
天將會以你們的老師做為教化百姓的木鐸。」

〈解讀〉

① 儀：衛國西北角的邊境。封人是封疆守官。
② 君子：社會的知名賢達，往往與地位及德行有關。
③ 喪：指孔子在魯國失去司寇的官位。
④ 天：儀封人的話顯示他相信兩點：一，天在默默觀察人間，並在必要
　　時選擇「木鐸」來改善；二，天選擇了孔子擔任這個角色。我們曾說
　　孔子「六十而順〔天命〕」〈2‧4〉，這裡提供了一個證明。參照
　　〈11‧9〉解讀②。
⑤ 木鐸：木舌銅鈴，其聲音代表要宣傳教化。另外有金鐸（金舌銅
　　鈴），則用於軍事作戰。

〈3‧25〉

子謂《韶》：「盡美矣，又盡善也。」謂《武》：「盡美矣，未盡善也。」

〈白話〉

孔子評論《韶》樂，說：「美得無以復加，並且善得無以復加。」評論《武》樂，說：「美得無以復加，尚未善得無以復加。」

〈解讀〉

① 《韶》：舜時的樂曲，歌詠舜之德治教化。《武》，周初旳樂曲，歌詠周武王之安定天下。參照〈7‧14〉，〈15‧11〉。

② 美：就樂曲（包括歌與舞）的創作與演出而言。

③ 善：就樂曲所描述的人物與成就而言。舜在位約五十年，德被萬民，他的善發揮到了極點。武王伐紂之後，僅在位六年，他的善在成效上未臻極點。換言之，盡善是就德之效應而言，不必由此比較舜與武王二人之德。

〈3‧26〉

子曰：「居上不寬，為禮不敬，臨喪不哀，吾何以觀之哉？」

〈白話〉

孔子說：「身居上位而不寬大，舉行禮儀而不恭敬，參加喪禮而不悲哀，這種人我要怎麼看他呢？」

〈解讀〉

① 寬：指對待百姓而言，並不是要減少合宜的法令，而是要基於恕道，多為百姓設想，如「舉善而教不能」〈2‧20〉。

〈4‧1〉

子曰：「里仁為美，擇不處仁，焉得知（ㄓˋ）？」

〈白話〉

孔子說：「居住在民風淳厚的地方是最理想的；一個人選擇住處而錯過了民風淳厚的地方，怎麼算得上明智呢？」

〈解讀〉

① 仁：民風淳厚，這是許多人走在「人生正途」上的效果。前此多次譯「仁」為「真誠心意」，是就個人而言；人與人以真誠心意來往，所形成的即是淳厚風氣。

② 美：兼具道德含意與欣賞評價，肯定其為合宜適當，所以譯為「最理想的」。

〈4‧2〉

子曰：「不仁者，不可以久處約，不可以長處樂。仁者安仁，知（ㄓˋ）者利仁。」

〈白話〉

孔子說：「不行仁的人，沒有辦法持久處在困境中，也沒有辦法長期處在順境中。行仁者是自然而然走在人生正途上，明智者則是了解人生正途的重要而作此選擇。」

〈解讀〉

① 仁：在此就人之道（人生正途）而言，因此，譯文加一「行」字，表示實踐與行走雙重意思。人生正途的具體內含是「擇善固執」，如此

才可做到本文所說的「久處約，長處樂」。參考〈1‧3〉解讀①。

② 安仁：就是以擇善固執為其自然的（本性所要求的）作為。至於利仁，則是以擇善固執為有利於完成其人生目的的作為。

〈4‧3〉
子曰：「唯仁者，能好（ㄏㄠˋ）人，能惡（ㄨˋ）人。」

〈白話〉
孔子說：「只有行仁者能夠做到喜愛好人，厭惡壞人。」

〈解讀〉
① 仁者：行仁的人擇善固執，沒有偏私之心或其他顧慮，所以能夠分別對好人與壞人表現適當的態度。

② 參考《大學》論「修身」之語：「故好（ㄏㄠˋ）而知其惡（ㄜˋ），惡（ㄨˋ）而知其美者，天下鮮矣。」詳細討論見傅佩榮《大學‧中庸解讀》。

〈4‧4〉
子曰：「苟志於仁矣，無惡（ㄜˋ）也。」

〈白話〉
孔子說：「只要立志行仁，就不會做壞事了。」

〈解讀〉
① 志：以仁做為志的目標，其過程即是行仁，也就是努力擇善固執，這樣自然不會再做壞事。參考〈2‧4〉（志於學）、〈4‧9〉、〈7‧6〉（志於道）。

② 惡：孔子標舉「仁」字來總括人生應有的價值取向，其中第一步即是去惡從善。由於仁字不完全等於一個善字，所以孔子這裡的說法並非

同義重複。立志之後，還須學習如何擇善與如何固執，而這些正是孔子教學的重點所在。

③ 《易經‧文言傳》說：「閑邪存其誠」，意即防範邪惡以保存內心的真誠。人若真誠，則與邪惡勢不兩立。人由真誠而向善，進而擇善固執，又怎麼會為惡？

〈4‧5〉

子曰：「富與貴，是人之所欲也；不以其道得之，不處也。貧與賤，是人之所惡（ㄨˋ）也；不以其道得之，不去也。君子去仁，惡（ㄨ）乎成名？君子無終食之間違仁，造次必於是，顛沛必於是。」

〈白話〉

孔子說：「富有與尊貴，是每一個人都想要的；如果不依正當的途徑加於君子身上，他是不會接受的。貧窮與卑微，是每一個人都討厭的；如果不依正當的途徑加於君子身上，他是不會逃避的。君子如果離開了人生正途，怎樣去成就他的名聲？君子不會有片刻的時間脫離人生正途，在匆忙急迫時堅持如此，在危險困頓時也堅持如此。」

〈解讀〉

① 富與貴：孔子明白一般人的好惡，問題在於是否可以為此而不擇手段。在此，答案很清楚。參照〈7‧12〉，〈7‧16〉。

② 道：正當的途徑。「得之」並非主動去爭取，否則何必在得之以後，又要考慮「不處」或「不去」？得之是「加於其身」的意思，側重於結果。譬如，天下無道，以致君子陷於貧賤，這種結果就是「不以其道得之」。

③ 不去：富貴不處而貧賤不去，正足以顯示孔子心意，就是：人生正途在於擇善固執，而富貴所形成的阻礙，遠遠大於貧賤所造成者。

④ 君子對成名的態度，可參考〈15‧20〉。

〈4‧6〉

子曰：「我未見好（ㄏㄠˋ）仁者，惡（ㄨˋ）不仁者。好仁者，無以尚之；惡不仁者，其為仁矣，不使不仁者加乎其身。有能一日用其力於仁矣乎？我未見力不足者。蓋有之矣，我未之見也。

〈白話〉

孔子說：「我不曾見過愛好完美人格者，與厭惡不完美人格者。愛好完美人格者，已經達到最好的極限：厭惡不完美人格者，他追求完美人格的辦法，是不使偏邪的行為出現在自己身上。有沒有人會在某一段時期致力於培養完美人格的呢？真要這麼做，我不曾見過力量不夠的。或許真有力量不夠的，只是我未曾見過罷了。」

〈解讀〉

① 好仁者：愛好完美人格者。仁在此是指「人之成」，不然接著不能說「無以尚之」。

② 惡不仁者：不像好仁者那麼積極主動，但是無法忍受不合完美人格的行為，因此不允許自己誤入歧途。

③ 一日：指一段時間。

④ 用其力於仁：這種說法肯定了以下兩點：一，仁不是人天生就有的德行；二，仁是人努力以赴就可以達成的。因此只有由「人之性、人之道、人之成」的全面觀點，才能充分說明仁的意思。參考〈6‧12〉，孔子對冉求自認為「力不足」的批評。

〈4‧7〉

子曰：「人之過也，各於其黨。觀過，斯知仁矣。」

〈白話〉

孔子說：「人們所犯的過錯，各由其本身的性格類別而來。因此，察看一個人的過錯，就知道他的人生正途何在。」

〈解讀〉

① 黨：性格類別，有的急躁，有的溫和，有的爽朗，有的深沉等。

② 知仁：這等於是說：由過錯去看性格，再由性格去看一個人應該怎麼走在人生正途上。「仁」字在此是指向未來，而不是探測過去，如此才符合改過遷善的原則。

③ 如何面對自己的「過」？參考〈5‧26〉、〈15‧30〉。

〈4‧8〉

子曰：「朝聞道，夕死可矣！」

〈白話〉

孔子說：「早晨聽懂了人生理想，就算當晚要死也不妨。」

〈解讀〉

① 道：應行之道，就是人生應該如何的理想。了解人生的價值何在，可以依此而行，死而無憾。這也是「守死善道」的意思〈8‧13〉。

② 死：這句話顯示孔子知生也知死，而這種貫穿生死的道，無異於他一再強調的仁。參考〈15‧9〉，「殺身以成仁」；〈15‧35〉，「蹈仁而死」。孔子的「仁」概念，包含了「人之性、人之道、人之成」三個層面，是他對「道」（人生理想）的具體描述。

③ 本章所謂「聞道」，是指「聽懂了」人生理想（包括人生的意義、價值與目的），但未必來得及「付諸實踐」。「聞而未行」也無遺憾嗎？是的，因為心念轉到正確的方向上，人生趨於光明，形成「質」的改變，不必再計較行善之「量」。孔子之言顯示深刻的宗教體驗。

〈4‧9〉

子曰：「士志於道，而恥惡（ㄜˋ）衣惡食者，未足與議也。」

〈白話〉

孔子說：「讀書人立志追求人生理想，卻以簡陋的衣服與粗糙的食物為可恥，那就不值得與他談論什麼道理了。」

〈解讀〉

① 士：泛指讀書人，在古代的具體目標是培養才德與獲取官位。參照〈14‧2〉、〈13‧20〉。特別要對照〈15‧32〉「君子謀道不謀食」。

② 恥：以生活窮困為可恥，表示志向卑微。在孔子心目中，士應該努力成為君子。

③ 關於「志」，參考「志於學」〈2‧4〉，「志於仁」〈4‧4〉，「志於道」〈7‧6〉。

〈4‧10〉

子曰：「君子之於天下也，無適（ㄉㄧˊ）也，無莫（ㄇㄨˋ）也，義之與比（ㄅㄧˋ）。」

〈白話〉

孔子說：「君子立身處世於天下，無所排拒也無所貪慕，完全與道義並肩而行。」

〈解讀〉

① 適通敵，莫通慕。

② 義：應行之事。義與道（應行之道）相表裡，因此合稱「道義」更為清楚。義的原意是「宜」，指恰到好處，而任何事情的恰到好處，都需要符合「應該」的要求。譬如，年輕人讓座給老人，就是「宜」，

背後的判斷即是「應該如此」。怎麼判斷應該如何呢？這便是擇善的問題了，以後還會談到。參考〈4‧16〉、〈18‧8〉

〈4‧11〉
子曰：「君子懷德，小人懷土；君子懷刑，小人懷惠。」

〈白話〉
孔子說：「君子關心的是德行，小人在乎的是產業。君子關心的是規範，小人在乎的是利潤。」

〈解讀〉
① 君子：君子與小人對舉，可以看出小人是為了產業而忽略德行，並且為了利潤而不惜破壞規範。反之，君子則以德行與規範為重。換言之，小人處於「自我中心」階段，君子則進到「人我互動」階段，還須努力朝向「超越自我」階段提升。有關孔子的價值觀（三階六層），請參考〈5‧25〉的解讀④。
② 有關君子與小人的對比，參考〈2‧14〉的解讀③。

〈4‧12〉
子曰：「放（ㄈㄤˇ）於利而行，多怨。」

〈白話〉
孔子說：「做人處事全依照利益來考量，就會招致許多怨恨。」

〈解讀〉
① 放：依靠、依照、依循，所以譯為「全以（利益）來考量」。
② 怨：天下之利有限，難免引人相爭。若是為利而招致仇怨，實乃得不償失，何況又偏離了人生正途？

〈4‧13〉

子曰：「能以禮讓為國乎，何有？不能以禮讓為國，如禮何？」

〈白話〉

孔子說：「能以禮貌謙讓的態度治理國家，治理國家有什麼難呢？不能以禮貌謙讓的態度治理國家，又能用禮做什麼呢？」

〈解讀〉

① 禮讓：禮是人際關係的具體規範，讓是人與人互相尊重的明確表現。「禮讓」合稱，則指禮貌謙讓的態度。

〈4‧14〉

子曰：「不患無位，患所以立。不患莫己知，求為可知也。」

〈白話〉

孔子說：「不擔心沒有官位，要擔心的是憑什麼立身處世。不擔心沒有人了解自己，要設法使自己值得讓別人了解。」

〈解讀〉

① 位：古代位、立通用，在此都指官位而言，不過原文既然用「立」，則立身處世的含意更為周延。
② 對照〈1‧1〉、〈1‧16〉、〈14‧30〉、〈15‧19〉。

〈4‧15〉

子曰：「參（ㄕㄣ）乎！吾道一以貫之。」曾子曰：「唯。」子出，門人問曰：「何謂也？」曾子曰：「夫子之道，忠恕而已矣。」

〈白話〉

孔子說：「參啊！我的人生觀是由一個中心思想貫穿起來的。」曾子說：「的確如此。」孔子出去後，別的學生就問曾子：「老師所指的是什麼？」曾子說：「老師的人生觀只是忠與恕罷了。」

〈解讀〉

① 參：曾參，在《論語》多稱曾子，因為他的學生參與了《論語》一書的編輯工作。

② 道：包括行事作風、人生理想，基本學說等。對個人而言，可以用「人生觀」一詞來概括。

③ 一以貫之：指完整系統或中心思想而言。這是人的理性發展與實踐心得抵達一定程度時，都會嚮往的境界，而自古以來只有極少數大智大仁者可以如願以償。「一以貫之」一語亦見於〈15‧3〉，子貢以為孔子是「多學而識之」，由於廣泛學習而記得各種知識，但孔子強調自己是「一以貫之」，有一個中心思想。在本章中，孔子主動告訴曾參，原本可能是希望曾參（年輕而魯鈍）會隨之請教「何謂也？」他就可以發揮心得。但結果未如其意，「子出」二字反映了他的無奈。

④ 忠恕：讀《論語》時，對於孔門學生的話要有一個分辨，就是：學生的話代表他們個人的心得，而未必「完全等於」孔子的想法。因此，「忠恕」代表曾子對孔子人生觀的理解，而不完全等於孔子的人生觀。在此，另外的理由是：事實上，孔子過世時，曾子才二十七歲，並且他是孔子所謂「魯鈍」的資質〈11‧18〉，即使認真致力於學與行，仍不表示他在年輕時就領悟了孔子的一貫之道。我們看他後來談到「任重道遠」〈8‧7〉，指出仁與死的關係，則又顯然肯定「仁」才是一貫之道。

〈4‧16〉

子曰：「君子喻於義，小人喻於利。」

〈白話〉

孔子說：「君子能夠領悟的是道義，小人能夠領悟的是利益。」

〈解讀〉

① 君子：像這種君子與小人截然二分並且完全對立的說法，在《論語》多次見到。事實上，我們所見的幾乎都是介於二者之間的人。因此，在理解時，要有「動態人生」的觀點，就是把「君子」視為「立志或努力成為」君子的人，小人則是「無心或放棄成為」君子的人。只有這樣理解，才可進而主張：君子若是懈怠，可能淪為小人；小人若是上進，可能改頭換面。如此一來，孔子的教育工作才有實質的作用與效果可言。

〈4‧17〉

子曰：「見賢思齊焉，見不賢而內自省也。」

〈白話〉

孔子說：「看見德行卓越的人，就要想怎麼努力像他一樣；看見德行有虧的人，就要反省自己是否也犯同樣的毛病。」

〈解讀〉

① 思：保持清醒，看到別人在德行上的表現時，立刻省察自己應該如何改善。能夠如此，天下人都是我的老師了。參照〈5‧26〉、〈7‧22〉。

〈4‧18〉

子曰：「事父母幾（ㄐㄧ）諫，見志不從，又敬不違，勞而不怨。」

〈白話〉

孔子說：「服侍父母時，發現父母將有什麼過錯，要委婉勸阻；看到自己的心意沒有被接受，仍然要恭敬地不觸犯他們，內心憂愁但是不去抱怨。」

〈解讀〉

① 幾：隱微的徵象。父母是人，自然可能犯錯，子女最好事先就委婉相勸。如果行不通，仍須謹守不違不怨的原則，除此之外，就只有子女自己努力積德行善了。由此亦可知，孔子並沒有「天下無不是的父母」（此為宋朝羅仲素之語）這種觀念。

② 自〈4‧18〉以下共四章談孝，可參考〈2‧5〉以下四章。

〈4‧19〉

子曰：「父母在，不遠遊，遊必有方。」

〈白話〉

孔子說：「父母在世時，子女不出遠門；如果出遠門，就必須有一定的去處。」

〈解讀〉

① 遊：古代有遊學與遊仕，另外自然也有遊歷、遊玩等。重點在於不要使父母掛念。

〈4‧20〉

子曰：「三年無改於父之道，可謂孝矣。」

〈白話〉

孔子說：「如果能三年之久不改變父親做人處事的作風，就可以稱得上孝順了。」

〈解讀〉

① 此章已見於〈1‧11〉。參考〈19‧18〉。

② 凡是《論語》談到父子的地方，今天都應理解為父母與子女。

〈4‧21〉

子曰：「父母之年，不可不知也。一則以喜，一則以懼。」

〈白話〉

孔子說：「父母的年紀，做子女的不能不記得。一方面為他們得享高壽而歡喜，另一方面為他們日漸老邁而憂慮。」

〈解讀〉

① 喜：喜與懼同時出現，正是人類情感的特色。能夠見此而思彼，做人處事就會有分寸了。孔子三歲喪父，十七歲喪母，卻能說出如此貼切子女之心的話，可見他的感通能力確有過人之處。

〈4‧22〉

子曰：「古者言之不出，恥躬之不逮也。」

〈白話〉

孔子說：「古代的人說話不輕易出口，因為他們以來不及實踐為可恥。」

〈解讀〉

① 古者：古代的人努力言行合一。孔子心目中的古者，顯然是經過選擇，可以做為示範的人物。所以我們不必想像是否所有古人皆是如此。

〈4‧23〉

子曰：「以約失之者，鮮（ㄒㄧㄢˇ）矣。」

〈白話〉

孔子說：「因為自我約束而在做人處事上有什麼失誤，那是很少有的。」

〈解讀〉

① 約：約束、收斂、節制，是指對自己的要求而言。孔子強調「約之以禮」，參考〈6‧27〉、〈9‧11〉。

〈4‧24〉

子曰：「君子欲訥（ㄋㄜˋ）於言而敏於行。」

〈白話〉

孔子說：「做為君子，就要努力在言語上謹慎遲鈍，並且在行動上敏捷有效。」

〈解讀〉

① 言：說話容易而實踐困難，所以要兩者兼顧，同時用功。這是比言行合一更進一步的追求，要行勝於言。

〈4‧25〉

子曰：「德不孤，必有鄰。」

〈白話〉

孔子說：「德行是不會孤單的，它必定得到人們的親近與支持。」

〈解讀〉

① 必：必定。有「必」字，就代表孔子的信念。為什麼德必有鄰？這是因為人性向善，所以人們才「必定」親近與支持有德者。若不先肯定人性是「向」善的，如何能說「必」字？

〈4‧26〉

子游曰：「事君數（ㄕㄨㄛˋ），斯辱矣；朋友數，斯疏矣。」

〈白話〉

子游說：「服侍君主若是過於煩瑣，就會招致侮辱；對待朋友若是過於煩瑣，就會受到疏遠。」

〈解讀〉

① 數：煩瑣，不能適可而止，以致好意反而造成不良後果。原則上，君與友都是我自己選擇的，所以相處特別需要智慧。參考〈12‧23〉。

公冶長篇第五 共27章

〈5．1〉

子謂公冶（ㄧㄝˇ）長（ㄔㄤˊ）：「可妻（ㄑㄧˋ）也，雖在縲（ㄌㄟˊ）絏（ㄒㄧㄝˋ）之中，非其罪也。」以其子妻之。子謂南容：「邦有道不廢，邦無道免於刑戮。」以其兄之子妻之。

〈白話〉

孔子談到公冶長，說：「可以把女兒嫁給他。雖然曾有牢獄之災，但並不是他的罪過。」孔子把女兒嫁給了他。孔子談到南容，說：「國家政治上軌道，他不會沒有官位；國家政治不上軌道，他可以避免受刑與被殺。」孔子把哥哥的女兒嫁給了他。

〈解讀〉

① 公冶長：姓公冶，名長，字子長。魯國人，為孔子學生。後為孔子女婿。

② 罪：指違法之罪。傳說中，公冶長是因為聽得懂鳥語而被誣枉入獄。

③ 子：古代「子」字可以兼指子與女。「兄之子」，兄指孔子同父異母之兄（孟皮），較早過世，其女之婚嫁由孔子主持。這是古代婚嫁由父母之命、媒妁之言來安排的慣例。

④ 南容：南宮适（ㄎㄨㄛˋ），又名韜，孟懿子之兄。為孔子學生。參考〈11．6〉，〈14．5〉。

⑤ 道：軌道、正道、應行之道。有道與無道的二分法，也須加上對趨勢的考慮，看它是趨向有道還是無道。自古以來，所有的政治皆須以這種動態觀點來理解。

〈5‧2〉

子謂子賤：「君子哉若人！魯無君子者，斯焉取斯？」

〈白話〉

孔子談到子賤，說：「這人是個君子啊！魯國沒有君子的話，他怎麼找得到人幫他忙呢？」

〈解讀〉

① 子賤：宓（ㄈㄨˊ）不齊，字子賤。魯國人，小孔子三十歲。他的軼事是：治理單（ㄕㄢˋ）父縣時，德治教化為一時之盛。原因是他知人善任，同時也印證了魯國有不少人才。

② 《呂氏春秋‧察賢》說：「宓子賤治單父，彈鳴琴，身不下堂而單父治。」這是他善用人才的緣故。

〈5‧3〉

子貢問曰：「賜也何如？」子曰：「女（ㄖㄨˇ）器也。」曰：「何器也？」曰：「瑚（ㄏㄨˊ）璉（ㄌㄧㄢˇ）也。」

〈白話〉

子貢請教說：「賜的表現如何呢？」孔子說：「你是一種器具。」「什麼器具呢？」孔子說：「是宗廟裡面貴重的瑚璉。」

〈解讀〉

① 器：有特定用途的器具。肯定子貢是個專業人才，但是還須在成德上努力。參考〈2‧12〉。

② 瑚璉：宗廟裡面的玉器，用來盛裝黍稷。

〈5‧4〉

或曰：「雍也，仁而不佞。」子曰：「焉用佞？御人以口給（ㄐㄧˇ），屢憎於人。不知其仁，焉用佞？」

〈白話〉

有人說：「雍這個人，可以行仁但是口才不夠善巧。」孔子說：「何必需要口才善巧？以伶俐口才與別人爭論，常常引起別人的厭惡。我不知道他是不是行仁，但是何必需要口才善巧？」

〈解讀〉

① 雍：冉雍，字仲弓。魯國人，小孔子二十九歲。列名於德行科〈11‧3〉。

② 仁：行仁。《論語》以「仁」字形容人品時，都有動態含意，亦即走在仁的道路上。簡單說來，這是指「人之道」而言，需要「擇善固執」。仁如果指「人之成」而言，則已達完美人格，當然是孔子所未見的。孔子從不輕易以仁稱讚同代的人，他對自己也不例外，參考〈7‧34〉。

③ 佞：口才善巧。孔子的學生有「言語」科，可見孔子並未忽視言語表達的重要。但如果光是逞弄口才，就不值一談了。

〈5‧5〉

子使漆彫開仕。對曰：「啟斯之未能信。」子說（ㄩㄝˋ）。

〈白話〉

孔子安排漆彫開去做官。漆彫開回答說：「啟對於做官還沒有信心。」孔子聽了很高興。

〈解讀〉

① 漆彫開：姓漆彫，名開，原名啟，小孔子十一歲。

② 啟：學生自稱其名，這是弟子與老師或長者說話的規矩。原文有「對曰」，可知是當面談話，如此則不可能自稱「吾」。《論語》中「對曰」一詞用於弟子對老師或長輩，或者臣對君或上級官員的回答。原有作「吾」者，誤寫。

③ 說：孔子高興的原因是：啟能反省及了解自己，知道尚須進德修業，而不急著做官。這種自我要求的態度正是孔子所樂見的。參看〈6·9〉。

〈5·6〉

子曰：「道不行，乘桴浮於海。從我者，其由與！」子路聞之喜。子曰：「由也，好勇過我，無所取材。」

〈白話〉

孔子說：「我的理想沒有機會實行，乾脆乘著木筏到海外去。跟隨我的，大概就是由吧！」子路聽了喜形於色。孔子說：「由啊！你愛好勇敢超過了我，但是沒有地方可以找到適用的木材啊！」

〈解讀〉

① 道：就個人而言，是人生觀或理想，亦即個人對於世間一切「應該如何」的體認。

② 海：浮於海的目的是要遠赴海外，就像後來孔子「欲居九夷」〈9·14〉的念頭。孔子感嘆自己的理想難以實現，子路卻為了可以守護老師而喜，所以孔子以「無所取材」表示並非真要去國離鄉。歷代學者有解為「無所取裁」（謂子路無法裁斷事理），有解為「無所取哉」（謂子路一無可取），皆為曲解。若子路不明事理或一無可取，則孔子如何可能會說「從我者，其由與」？

③ 取材：桴需要木材，去哪裡找適用的木材呢？這裡混合了事實與比喻，顯示師生之間共赴理想的相惜之情。

④ 孔子對子路的肯定，亦見〈9·27〉、〈12·12〉。

〈5‧7〉

孟武伯問：「子路仁乎？」子曰：「不知也。」又問。子曰：「由也，千乘之國，可使治其賦也，不知其仁也。」「求也何如？」子曰：「求也，千室之邑，百乘之家，可使為之宰也，不知其仁也。」「赤也何如？」子曰：「赤也，束帶立於朝，可使與賓客言也，不知其仁也。」

〈白話〉

孟武伯請教：「子路達到仁的標準了嗎？」孔子說：「我不知道。」他再度請教。孔子說：「由啊，一個諸侯之國可以派他帶領軍隊，但是我不知他是否可以行仁。」「冉求，怎麼樣呢？」孔子說：「求啊，一個卿大夫的領地可以派他擔任家臣，但是我不知他是否可以行仁。」「公西赤，怎麼樣呢？」孔子說：「赤啊，他穿戴整齊在朝廷上，可以派他與貴賓談話，但是我不知他是否可以行仁。」

〈解讀〉

① 仁：孟武伯聽說孔子稱揚「仁」，又不知其意，所以舉幾位孔子的學生來請教。因此他的問話是指比較空泛的「仁的標準」。

② 不知：孔子說不知，是因為仁為擇善固執，要一生努力培養完美人格，必須到蓋棺才能論定。賦：古代依田賦出兵。治其賦是率領軍隊。

③ 赤：姓公西，名赤，字子華，又稱公西華。魯國人，小孔子四十二歲。由本章可知，孔子對學生的才幹深有所知。子路可以帶領諸侯國的軍隊，冉有可以擔任大夫之家臣，公西華則可以出任外交官。

〈5‧8〉

子謂子貢曰：「女（ㄖㄨˇ）與回也孰愈？」對曰：「賜也何敢望回？回也聞一以知十，賜也聞一以知二。」子曰：「弗如也，吾與女弗如也。」

〈白話〉

孔子對子貢說：「你與回，誰比較優秀？」子貢回答說：「賜怎麼敢和回相比？回聽到一個道理可以領悟十個相關的道理；賜聽到一個道理只能領悟兩個相關的道理。」孔子說：「是比不上，我與你都比不上。」

〈解讀〉

① 聞一知十：一為數之始，十為數之終，顏回聞始知終，猶如對一個道理澈底領悟，觸類旁通，無所遺漏。

② 聞一知二：對一個道理的領悟，有相當把握，但是不到澈底與周全的程度。子貢有自知之明，但孔子的結語何意？

③ 與：指我與你。孔子一句話同時肯定了兩位學生。就老師不必各方面都勝過學生而言，孔子立下了表率。參看〈7‧11〉。若以「與」為贊同，則孔子意為「我同意你的話，是趕不上」（楊伯峻《論語譯注》），這種解法不合情理。學生才華各有所長，子貢在德行與好學上不及顏回，但亦有自身本事，孔子以「我與你都比不上」作結，才是正解（東漢包咸已主此說）。

〈5‧9〉

宰予（ㄩˊ）晝寢。子曰：「朽木不可雕也，糞土之牆不可杇（ㄨ）也。於予與何誅？」子曰：「始吾於人也，聽其言而信其行；今吾於人也，聽其言而觀其行。於予與改是。」

〈白話〉

宰予在白天睡覺。孔子說：「腐朽的木頭沒有辦法用來雕刻，廢土砌成的

牆壁沒有辦法塗得平滑。我對予有什麼好責怪的呢？」孔子又說：「過去我對待別人，聽到他的說法就相信他的行為；現在我對待別人，聽到他的說法，卻要觀察他的行為。我是看到宰予的例子，才改變態度的。」

〈解讀〉

① 晝寢：白天睡覺。除非生病或有特殊作息（如上夜班），否則白天睡覺就是志氣昏惰的表現。以今天的情況來看，短暫的午睡應該不在此列。

② 誅：責怪。前兩句比喻都是扣緊內心的真誠狀態而言，木與牆都是本身素材不好，所以很難使之美化。

③ 言：宰我是言語科的高材生，想必很容易言之有理，使孔子以為他可以言行合一，事實上卻未必如此。參看〈3‧21〉、〈6‧26〉、〈17‧21〉。所謂「以貌取人，失之子羽；以言取人，失之宰予」，意為：由外表來判斷一人，會錯過子羽（澹臺滅明）這樣的人才（參考〈6‧14〉）；由說話來判斷一個人，則會受宰予的逞弄口才所騙。

〈5‧10〉

子曰：「吾未見剛者。」或對曰：「申棖（ㄔㄥˊ）。」子曰：「棖也欲，焉得剛？」

〈白話〉

孔子說：「我不曾見過剛強的人。」有人回答說：「申棖就是一位。」孔子說：「棖有不少欲望，怎麼做得到剛強呢？」

〈解讀〉

① 申棖：申堂，字周，魯國人，孔子學生。

② 剛：有欲不剛，無欲則剛。有欲則受制於外，無欲則無待於外，但是又非消極無為，還須積極進取，並且不可陷於狂妄。參看〈17‧8〉。

③ 關於「未見」，參看〈5‧26〉的解讀①。

〈5‧11〉

子貢曰：「我不欲人之加諸我也，吾亦欲無加諸人。」子曰：「賜也，非爾所及也。」

〈白話〉

子貢說：「我不願意別人加在我身上的，我也但願自己不要加在別人身上。」孔子說：「賜，這還不是你做得到的。」

〈解讀〉

① 我：子貢表明自己的志向，目標就是孔子所說的「己所不欲，勿施於人」〈12‧2〉，〈15‧24〉。但是，這種志向說起來容易，做起來困難，要一生的努力才能證明。

② 非爾所及：除了這種目標很難達成之外，另外可能有一個理由，就是：子貢用了「吾亦欲」來表示「主動願意」，因而比「勿施於人」之單純的勸誡與禁止，更為困難多了。孔子的話不是澆冷水，而是提醒他不可低估挑戰。

〈5‧12〉

子貢曰：「夫子之文章，可得而聞也。夫子之言性與天道，不可得而聞也。」

〈白話〉

子貢說：「老師在文獻與修養方面的成就，我們有機會可以聽到；老師關於人性與天道的說法，我們就沒有機會聽到了。」

〈解讀〉

① 文章：表現於外的知與行，尤其指燦然可觀者。

② 性：人性。孔子的「仁」就是基於他對人性的觀點，所提出的人生應行之道。有此性，才有此道，如《中庸》所云：「率性之謂道。」子

貢感嘆未曾聽到老師直接談論人性。參看〈17．2〉。

③ 天道：「天道」一詞側重的是天的客觀規則與天對人世的禍福效應。
　「天命」則偏重人對天意的主觀領悟與實踐天意的責任，如孔子「五
　十而知天命」〈2．4〉。孔子的天命觀如何由當時流行的天道觀推衍
　而成？這是子貢想要了解的關鍵。因此，為了深入明白仁與天命，必
　須先懂得性與天道。子貢能夠同時提出這兩點，已經難能可貴了。參
　考〈17．19〉。

〈5．13〉
子路有聞，未之能行，唯恐有聞。

〈白話〉
子路聽了做人處事的道理，還未抵達能夠實踐的程度以前，就只怕自己又
聽到新的道理。

〈解讀〉
① 行：做人處事是一生的考驗，因此不可能實踐了一個道理之後再去實
　踐另一個，但是至少要努力一段時日，有「能行」的把握以後，再去
　學習新的。人生道理重在實踐，而不在多聞。

〈5．14〉
子貢問曰：「孔文子何以謂之『文』也？」子曰：「敏而好學，不
恥下問，是以謂之文也。」

〈白話〉
子貢請教說：「孔文子憑什麼得到『文』的諡號？」孔子說：「他聰明又
愛好學習，並且不以放下身段向人請教為可恥，所以得到『文』的諡
號。」

① 孔文子：衛國大夫孔圉。

② 文：諡號之一，人死之後所得的名號。諡號有如一生言行的總結，通常總是取其優點來表彰。參考〈14‧18〉解讀①。關於「好學」，參看〈1‧14〉、〈5‧27〉、〈6‧3〉。

〈5‧15〉

子謂子產：「有君子之道四焉：其行己也恭，其事上也敬，其養民也惠，其使民也義。」

〈白話〉

孔子評論子產，說：「他有四種行為合乎君子的作風：容貌態度保持恭謹，服侍君上出於敬意，照顧百姓廣施恩惠，役使百姓合於分寸。」

〈解讀〉

① 子產：鄭國大夫公孫僑，字子產，在鄭國擔任執政卿相二十二年。

② 關於君子之道的另一說法，參看〈14‧28〉。

〈5‧16〉

子曰：「晏平仲善與人交，久而敬之。」

〈白話〉

孔子說：「晏平仲很懂得與人交往的道理，交往越久，別人越敬重他。」

〈解讀〉

① 晏平仲，名嬰，齊國大夫。孔子三十六歲時，旅居齊國，齊景公有意任用他，後因晏嬰反對而作罷。

② 敬：兩個人交往久了，彼此關係非疏即親，若能保持敬意，才是難得。

〈5‧17〉

子曰：「臧（ㄗㄤ）文仲居蔡，山節藻（ㄗㄠˇ）梲（ㄓㄨㄛˊ），何如其知也？」

〈白話〉

孔子說：「臧文仲供養大龜的屋子裡，柱頭刻成山的形狀，梁上短柱則畫著海藻，這怎麼算得上大家所說的明智呢？」

〈解讀〉

① 臧文仲：魯國大夫臧孫辰，諡文。參看〈15‧14〉。

② 蔡：國君之守龜。《尚書‧洪範》談到解決重大疑惑時，要靠天子、官員、百姓表達意願，同時要使用卜與筮來測知天意。卜用龜殼，筮用蓍草。因此大龜在古代極為珍貴。但無論如何，臧文仲的做法過了頭，陷於迷信而不夠理智。「山節藻梲」為天子之廟飾。

〈5‧18〉

子張問曰：「令尹子文三仕為令尹，無喜色，三已之，無慍色。舊令尹之政，必以告新令尹。何如？」子曰：「忠矣。」曰：「仁矣乎？」曰：「未知，焉得仁？」「崔子弒齊君，陳文子有馬十乘，棄而違之。至於他邦，則曰：『猶吾大夫崔子也。』違之。之一邦，則又曰：『猶吾大夫崔子也。』違之。何如？」子曰：「清矣。」曰：「仁矣乎？」曰：「未知，焉得仁？」

〈白話〉

子張請教說：「楚國宰相子文，三次出任宰相，沒有得意的神色，三次從宰相去職，也沒有不悅的神色。去職時，一定把過去的政務，告訴接任的宰相。這個人怎麼樣？」孔子說：「盡忠職守。」再問：「他達到仁的標準了嗎？」孔子說：「不知道，怎麼能說是合乎行仁的要求了呢？」「崔杼以下犯上，殺了齊莊公。陳文子有四十四馬，全部放棄了，離開齊國。

到了一個國家不久，就說：『這裡的執政者與我們的大夫崔子差不多。』
再度離開。到了另一個國家，不久又說：『這裡的執政者與我們的大夫崔
子差不多。』然後又再離開。這個人怎麼樣？」孔子說：「潔身自愛。」
再問：「他達到仁的標準了嗎？」孔子說：「不知道，怎麼能說是合乎行
仁的要求了呢？」

〈解讀〉

① 子文：鬪穀（ㄍㄡˋ）於（ㄨ）菟（ㄊㄨˊ）。楚國的宰相稱為令尹。

② 崔子：崔杼，齊國大夫，弒其君莊公。此事發生於孔子四歲時，崔杼
後來所立的是齊景公。

③ 陳文子：名須無，齊國大夫。

④ 仁：在子張看來，仁是堅持某一德行（如忠、清）到極高的程度，所
以才提出這兩個問題。因此，譯文為「仁的標準」。但是，孔子的回
答卻是側重「行仁的要求」，這是需要擇善固執與蓋棺論定的，不能
只以一種德行來界定。

〈5‧19〉

季文子三思而後行，子聞之曰：「再，斯可矣。」

〈白話〉

季文子每件事都要考慮許多次才去做。孔子聽到這種描述，說：「考慮兩
次也就可以了。」

〈解讀〉

① 季文子：季孫行父，魯國大夫。他在孔子出生前十三年已卒，因此孔
子所聽到的是別人的描述。

② 三思：多想代表謹慎，但是想得太多可能錯失行動的時機，或者陷於
猶豫不決。

③ 再：譬如，凡事要想「該不該做？如何做？」

〈5‧20〉

子曰：「甯（ㄋㄧㄥˊ）武子邦有道則知（ㄓˋ），邦無道則愚。其知可及也，其愚不可及也。」

〈白話〉

孔子說：「甯武子在國家上軌道時，顯得很明智；在國家不上軌道時，就變得很愚笨。他的明智，別人趕得上；他的愚笨，別人趕不上。」

〈解讀〉

① 甯武子：甯俞，衛國大夫。他在衛成公有難時，不避艱險，輔佐國君。這是智巧之士不肯做的，因此被視為愚。

② 孔子此語是在稱贊甯武子忠君愛國，不計毀譽。不同作法亦可參考〈15‧7〉。

〈5‧21〉

子在陳，曰：「歸與！歸與！吾黨之小子狂簡，斐然成章，不知所以裁之。」

〈白話〉

孔子在陳國時，說：「回去吧！回去吧！我們家鄉的學生們志向高遠、行事簡便，基本修養已經頗有可觀了，只是還不知道裁度事理的原則。」

〈解讀〉

① 陳：陳國。現在的河南淮陽縣。

② 狂簡：這裡分為三個階段。狂簡，指志向與作風而言；「狂」字可參照〈13‧21〉，「簡」字可參照〈6‧2〉；斐然成章是經過一段學習與努力的過程，顯示可觀的成績；所以裁之，屬於應用的智慧，猶如「擇善」之擇，必須靠孔子因材施教，隨機提點。

〈5‧22〉

子曰：「伯夷、叔齊不念舊惡，怨是用希。」

〈白話〉

孔子說：「伯夷與叔齊心中不記著別人過去的惡行，別人對他們的怨恨也就很少了。」

〈解讀〉

① 伯夷、叔齊：殷代末年，孤竹國的國君之子，互以王位相讓，一起逃往西伯昌（周文王）的領地，勸阻武王伐紂而未成，後來不願「食周粟」，餓死於首陽山。

② 相關資料，參看〈7‧15〉、〈16‧12〉、〈18‧8〉。

〈5‧23〉

子曰：「孰謂微生高直？或乞醯（ㄒㄧ）焉，乞諸其鄰而與之。」

〈白話〉

孔子說：「誰說微生高直爽？有人向他要一點醋，他去向鄰居要來給人。」

〈解讀〉

① 微生高：姓微生，名高，魯國人。姓微生者，另有一見，參看〈14‧32〉。

② 乞：希望別人給，稱之為乞。得到就會感激別人。微生高的作為也許出於好意，但是自己沒有而不坦白說清，就不能算是直爽。參照〈13‧18〉。直爽的個性要如何修養呢？參考〈8‧2〉、〈17‧8〉、〈17‧24〉。

③ 孔子說過「人之生也直」一語〈6‧19〉，意思側重於以「直」為真誠與正直。

〈5‧24〉

子曰：「巧言、令色、足（ㄐㄩˋ）恭，左丘明恥之，丘亦恥之。匿
怨而友其人，左丘明恥之，丘亦恥之。」

〈白話〉

孔子說：「說話美妙動聽，表情討好熱絡，態度極其恭順；左丘明認為這
樣的行為可恥，我也認為可恥。內心怨恨一個人，表面上卻與他繼續交
往；左丘明認為這樣的行為可恥，我也認為可恥。」

〈解讀〉

① 左丘明：魯國太史。

② 怨：人間恩怨十分複雜，前因後果糾結不清。這時應該真誠省思與人
交往時，是否內心藏著怨恨？朋友不能以直爽的態度相處，就是虛與
委（ㄨㄟ）蛇（ㄧˊ），浪費生命而已。若是遇到不能不相處的情況
（如同學、同事等），至少可以做到「不與之為友」。這些都顯示孔
子對「真誠」的重視，參照〈1‧3〉。

〈5‧25〉

顏淵、季路侍。子曰：「盍（ㄏㄜˊ）各言爾志？」子路曰：「願車
馬衣裘，與朋友共敝之而無憾。」顏淵曰：「願無伐善，無施
勞。」子路曰：「願聞子之志。」子曰：「老者安之，朋友信之，
少者懷之。」

〈白話〉

顏淵與季路站在孔子身邊。孔子說：「你們何不說說自己的志向？」子路
說：「我希望做到：把自己的車子、馬匹、衣服、綿袍，與朋友一起用壞
了都沒有一點遺憾。」顏淵說：「我希望做到：不誇耀自己的優點，不把
勞苦的事推給別人。」子路說：「希望聽到老師的志向。」孔子說：「使
老年人都得到安養，使朋友們都互相信賴，使青少年都得到照顧。」

〈解讀〉

① 無憾：不覺可惜或懊惱。子路以朋友的情義遠重於個人的財物，已經把握了正確的價值觀。

② 無伐善：顏淵志在自我修養，化除人我界線，走向無私的目標。

③ 安之：孔子的志向顯然是大同境界，允稱至善。

④ 孔子的價值觀分為三個階段：一是自我中心，以生存與發展為其目標。二是人我互動，以禮法與情義為其目標。三是超越自我，以無私與至善為其目標。子路志在情義，顏淵志在無私，孔子則志在至善。

⑤ 只有把「善」界定為「我與別人之間適當關係之實現」，並且肯定「人性向善」，然後才能理解孔子之志。他要盡一己之力造福天下人，以此為志，也正是在實現人性向善之要求。

〈5・26〉

子曰：「已矣乎，吾未見能見其過而內自訟者也。」

〈白話〉

孔子說：「算了吧，我不曾見過能夠看到自己的過失就在內心自我批評的人。」

〈解讀〉

① 未見：《論語》中，孔子宣稱未曾見過的人至少有六種，除了本章以外，還有：一是好仁者惡不仁者〈4・6〉；二是剛者〈5・10〉；三是好德如好色者〈9・18〉；四是蹈仁而死者〈15・35〉；五是隱居以求其志，行義以達其道之人〈16・11〉。仔細思考這幾種未見之人的表現，可以了解孔子對世間的感嘆。

② 關於「過」，參考〈4・7〉、〈15・30〉。關於「內自訟」，參考〈4・17〉。

〈5‧27〉

子曰：「十室之邑，必有忠信如丘者焉，不如丘之好學也。」

〈白話〉

孔子說：「就是十戶人家的小地方，一定有像我這樣做事盡責又講求信用的人，只是不像我這麼愛好學習而已。」

〈解讀〉

① 好學：孔子自稱好學，並無自誇之意，反而表示自己不是「生而知之」〈7‧20〉，必須努力學習才有心得。一般人若是忠信而不好學，就很難明白人生正途並堅持到底。

② 參看〈1‧14〉、〈6‧3〉、〈5‧14〉。

〈6‧1〉
子曰：「雍也，可使南面。」

〈白話〉
孔子說：「雍可以出任政治領袖。」

〈解讀〉
① 南面：古代政治領袖的坐位是面向南方的。《易經‧說卦傳》有「聖
　 人南面而聽天下，向明而治」一語可供參考。南面可用於天子、諸候
　 與卿大夫身上。這裡是就冉雍（仲弓）的德行與能力而言，所指應該
　 是擔任卿大夫。參照〈6‧6〉。

〈6‧2〉
仲弓問子桑伯子。子曰：「可也簡。」仲弓曰：「居敬而行簡，以
臨其民，不亦可乎？居簡而行簡，無乃大（ㄊㄞˋ）簡乎？」子曰：
「雍之言然。」

〈白話〉
仲弓請教有關子桑伯子的作風。孔子說：「子桑戶凡事求簡便。」仲弓再
請教說：「本身態度嚴肅，行事力求簡便，這樣治理百姓，不就可以了
嗎？如果本身態度簡便，行事也力求簡便，豈不是太過於簡便了？」孔子
說：「雍的話是正確的。」

〈解讀〉
① 子桑伯子：子桑戶，名可。孔子說的「可也」是指子桑戶而言。類似
　 的評論方式，參看〈11‧18〉。

〈6‧3〉

哀公問：「弟子孰為好（ㄏㄠˋ）學？」孔子對曰：「有顏回者好學，不遷怒，不貳過。不幸短命死矣。今也則亡（ㄨˊ），未聞好學者也。」

〈白話〉

魯哀公問說：「你的學生裡面，誰是愛好學習的？」孔子回答說：「有一個叫顏回的愛好學習。他不把怒氣發洩在不相干的人身上，也從不再犯同樣的過錯。遺憾的是，他年歲不大，已經死了。現在沒有這樣的學生了，沒有聽說愛好學習的人了。」

〈解讀〉

① 顏回：死於魯哀公十四年，孔子七十一歲時。他比孔子小三十歲，得年四十一。顏回死後二年，孔子辭世，時在哀公十六年。

② 不遷怒：重在待人，所謂「己所不欲，勿施於人」〈15‧24〉；不貳過，則重在自省，所謂「日新又新」。兩者都是高度的德行修養，可見孔子心目中的「好學」是以德行為首要目標的。關於「好學」，參看〈1‧14〉、〈5‧27〉、〈5‧14〉。

③ 相關資料：〈11‧7〉。

〈6‧4〉

子華使於齊，冉子為其母請粟（ㄙㄨˋ）。子曰：「與之釜（ㄈㄨˇ）。」請益。曰：「與之庾（ㄩˇ）。」冉子與之粟五秉（ㄅㄧㄥˇ）。子曰：「赤之適齊也，乘肥馬，衣（ㄧˋ）輕裘。吾聞之也：君子周急不繼富。」

〈白話〉

公西華奉派出使齊國，冉有替他的母親申請小米。孔子說：「給他六斗四升。」冉有請求增加一些。孔子說：「再給他二斗四升。」結果冉有給了

他八百斗。孔子說：「赤到齊國去，乘坐的是肥馬駕的車，穿的是又輕又暖的綿袍。我聽人說過：君子濟助別人的窮困，而不增加別人的財富。」

〈解讀〉
① 子華：公西赤，字子華，又名公西華，魯國人，小孔子四十二歲。
② 釜、庾、秉：都是古代容器。孔子的原意是表示餽贈，所以給的不多，而冉有所給的卻是相當於一年的薪資。當時孔子可能是擔任魯君的顧問，冉有負責出納之職。冉有所做未必違法，但孔子認為也必須合乎情理。

〈6·5〉
原思為之宰，與之粟九百，辭。子曰：「毋！以與爾鄰里鄉黨乎！」

〈白話〉
原思擔任孔子家的總管，孔子給他小米九百斗，他不肯接受這麼多。孔子說：「不要推辭！多的可以濟助家鄉地方的窮人啊！」

〈解讀〉
① 原思：原憲，字子思。小孔子三十六歲。此事應在孔子擔任魯國大司寇之時，因為大夫之家可以任用家臣。原思當時未滿二十歲。可對照〈14·1〉。《莊子·讓王》高度評價孔子的三位窮學生，就是原憲、曾參、顏回。孔子提醒原憲不必推辭合法的報酬，有錢可用以行善助人。
② 鄰：五家為鄰，二十五家為里，一萬二千五百家為鄉，五百家為黨。

〈6‧6〉

子謂仲弓，曰：「犁（ㄌ一ˊ）牛之子騂（ㄒ一ㄥ）且角，雖欲勿用，山川其舍（ㄕㄜˇ）諸？」

〈白話〉

孔子談到仲弓時，說：「耕牛的後代，長著紅色的毛與整齊的角，就算不想用牠來祭祀，山川之神難道會捨棄牠嗎？」

〈解讀〉

① 耕牛：可以耕田，但不夠資格用來祭祀。周代尚赤，所以要用紅毛牛。孔子的意思是：人才不問出身，都應該提拔出來做官。

② 山川：山川之神。祭祀需用騂且角的牛，表示做官等於犧牲，要為社稷與百姓服務。參照〈6‧1〉。

〈6‧7〉

子曰：「回也，其心三月不違仁，其餘則日月至焉而已矣。」

〈白話〉

孔子說：「回的心可以在相當長的時間內，不背離人生正途；其餘的學生只能在短時間內做到這一點罷了。」

〈解讀〉

① 心：心與仁不同。心可以作自覺的選擇，仁是人之道；因此，心可以選擇行仁，也可以不選擇行仁。如果心選擇行仁是如此困難，為何人還須行仁？答案是人性向善，所以除了走上人生正途（擇善固執）以外，別無出路。孔子描述自己「七十而從心所欲不踰矩」〈2‧4〉，表示心的選擇與人生正途終於合而為一。

② 三月：表示相當長的時間，如一個季節左右。「日月」則指時間之短暫。

③ 連顏淵都只能做到「其心三月不違仁」，可見孔子並無「心本善」或「性本善」的想法。

〈6‧8〉
季康子問：「仲由可使從政也與？」子曰：「由也果，於從政乎何有？」曰：「賜也可使從政也與？」曰：「賜也達，於從政乎何有？」曰：「求也可使從政也與？」曰：「求也藝，於從政乎何有？」

〈白話〉
季康子請教：「可以讓仲由擔任大夫嗎？」孔子說：「由勇敢果決，擔任大夫有什麼困難呢？」又問：「可以讓賜擔任大夫嗎？」孔子說：「賜識見通達，擔任大夫有什麼困難呢？」再問：「可以讓求擔任大夫嗎？」孔子說：「求多才多藝，擔任大夫有什麼困難呢？」

〈解讀〉
① 季康子：季孫肥。孔子自衛反魯時，他任魯國執政的卿，可以推薦人才出任大夫。周代各諸侯國在國君之下有卿、大夫、士三等。古代的卿相當於今天的五院院長，大夫則是部長級的政務官。
② 從政：古代有「為政者君，執政者卿，從政者大夫」的說法。在此可見孔子肯定子路、子貢、冉有這三位學生都是政治人才。

〈6‧9〉
季氏使閔子騫（ㄑㄧㄢ）為費（ㄅㄧˋ）宰。閔子騫曰：「善為（ㄨㄟˋ）我辭焉！如有復我者，則吾必在汶（ㄨㄣˋ）上矣。」

〈白話〉
季氏想派閔子騫擔任費邑的縣長。閔子騫對傳達的人說：「好好地替我辭掉吧！如果再有人來找我，我一定逃到汶水以北去了。」

〈解讀〉

① 閔子騫：閔損，字子騫，孔子學生，小孔子十五歲。列名於德行科
〈11‧3〉。參照〈11‧5〉。

② 費：季氏采邑，位於山東費縣西北二十里。季氏僭禮樂、逐昭公，數
代把持朝政。閔子騫避之唯恐不及。

③ 汶上：山東的大汶河，過此向北即是齊境。

〈6‧10〉

伯牛有疾，子問之，自牖（一ㄡˇ）執其手，曰：「亡之，命矣夫（ㄈㄨˊ），
斯人也而有斯疾也！斯人也而有斯疾也！」

〈白話〉

伯牛生病了，孔子去探望他，從窗戶握著他的手，說：「我們要失去他
了，這是命啊！這樣的人竟得了這樣的病！這樣的人竟得了這樣的病！」

〈解讀〉

① 伯牛：冉耕，字伯牛，魯國人，小孔子七歲。列名於德行科。他的資
料在《論語》中只出現這一次。

② 執其手：有人以為這是孔子為伯牛把脈。此事並非不可能。參看
〈10‧16〉。

③ 命：不以人的意志為轉移，又不是人的理智可以說明的，總稱為命。
命指被動的、盲目的、無可奈何的命運，參考〈12‧5〉。另一方面，
「天命」則是人們自覺的使命，可以歸之於天者。孔子學說的重點之
一，是要使人在面對命運時，仍可領悟自己的天命。參考〈2‧4〉。

〈6‧11〉

子曰：「賢哉，回也！一簞（ㄉㄢ）食（ㄙˋ），一瓢（ㄆㄧㄠˊ）飲，
在陋巷，人不堪其憂，回也不改其樂。賢哉，回也！」

〈白話〉

孔子說：「回的德行真好啊！一竹筐飯，一瓜瓢水，住在破舊的巷子裡，別人都受不了這種生活的憂愁，他卻不改變自己原有的快樂。回的德行真好啊！。」

〈解讀〉

① 憂：窮困的生活使人憂愁不已。但是，如果追求舒適的生活，又沒有止境，怎麼辦呢？一簞食：食為飯。

② 樂：顏淵的原則是：只要活著就快樂。所樂的是走在人生正途上，完成人性向善的天賦使命。人的尊嚴就在這種「樂」中得到充分的肯定。參照〈1·15〉「貧而樂道」一語。孔子自己也有同樣的體驗，見〈7·16〉。孔子兩稱「賢哉，回也」，這是對弟子的最高肯定了。參照〈7·11〉。

〈6·12〉

冉求曰：「非不說（ㄩㄝˋ）子之道，力不足也。」子曰：「力不足者，中道而廢。今女（ㄖㄨˇ）畫。」

〈白話〉

冉求說：「我不是不喜歡老師的人生觀，只是我的力量不夠。」孔子說：「力量不夠的人，走到半路才會放棄。現在你卻是畫地自限。」

〈解讀〉

① 道：人生觀、理想、學說，皆可說是一個人的道。孔子的道，是要人擇善固執以成就完美人格，所以冉求會有力量不夠的想法。

② 參考〈11·22〉，孔子說：「求也退，故進之。」可見冉求確有「退縮不前」的毛病。此外，孔子也說過「我未見力不足者」一語〈4·6〉。

〈6‧13〉

子謂子夏曰：「女（ㄖㄨˇ）為君子儒，無為小人儒。」

〈白話〉

孔子對子夏說：「你要做個器度恢宏的學者，不要做個志趣偏狹的學者。」

〈解讀〉

① 君子：君子與小人，在此既不指德也不指位，而是就器量與見識而言。這種用法的相關例子是君子與野人的對比〈11‧1〉，有如城裡人與鄉下人的對比。

② 儒：《周禮‧司徒》：「師以德行教民，儒以六藝教民。」可見早已有儒這種教書行業。在當時可理解為學者。

〈6‧14〉

子游為武城宰。子曰：「女（ㄖㄨˇ）得人焉耳乎？」曰：「有澹（ㄊㄢˊ）臺滅明者，行不由徑，非公事，未嘗至於偃之室也。」

〈白話〉

子游擔任武城的縣長。孔子說：「你在這裡找到什麼人才了嗎？」他說：「有一個叫澹臺滅明的，他走路時不抄捷徑，若不是公事，也從不到我屋裡來。」

〈解讀〉

① 澹臺滅明：字子羽，小孔子三十九歲。子游說這話時，他可能尚未進入孔子門下學習。據說此人相貌不佳，所謂「以貌取人，失之子羽」，即指他而言。

② 行：由這兩句描述，可知此人奉公守法與有所不為，的確是個政治人才。

〈6‧15〉

子曰:「孟之反不伐,奔而殿,將入門,策其馬曰:『非敢後也,
馬不進也。』」

〈白話〉

孔子說:「孟之反不誇耀自己。魯軍戰敗撤退時,他負責殿後,將進城門
時,鞭策著馬匹說:「不是我敢殿後,是馬不肯快走啊!」

〈解讀〉

① 孟之反:孟之側,名之反,魯國大夫。

② 不伐:哀公十一年,魯與齊戰而敗,孟之反殿後。敗軍之將,不可言
　　勇。他的話也許有這樣的意思。因此,只要實事求是,自然就不會誇
　　耀自己了。

〈6‧16〉

子曰:「不有祝鮀(ㄊㄨㄛˊ)之佞,而有宋朝(ㄓㄠ)之美,難乎免
於今之世矣。」

〈白話〉

孔子說:「不重視祝鮀的口才,卻重視宋朝的美貌,衛國在當前各國爭強
的形勢下,恐怕免不了災禍了。」

〈解讀〉

① 祝鮀:衛國大夫,字子魚。祝是掌管宗廟的官。參照〈14‧19〉。

② 宋朝:宋國公子,名朝,當時的美男子。投奔衛國,受南子所寵。

③ 難乎:此句所引二人皆為衛國當時的名人,因此主詞應為衛國。衛靈
　　公亡後,衛國內亂頻仍,正為孔子所不幸而言中。

④ 「有」意為「親而用之」,可譯為「重視」,而不可譯為「擁有」。
　　因為若譯為「擁有」,則試問天下幾人擁有宋朝之美?孔子這段話就
　　不易索解了。

〈6 · 17〉

子曰：「誰能出不由戶？何莫由斯道也？」

〈白話〉

孔子說：「誰能走出屋外而不經由門戶？為什麼做人處事卻不經由我所提供的正途呢？」

〈解讀〉

① 道：孔子以比喻說明他的道是人生正途，但是他也感嘆一般人無法依道而行。

〈6 · 18〉

子曰：「質勝文則野，文勝質則史。文質彬（ㄅㄧㄣ）彬，然後君子。」

〈白話〉

孔子說：「質樸多於文飾，就會顯得粗野；文飾多於質樸，就會流於虛浮。文飾與質樸搭配得宜，才是君子的修養。」

〈解讀〉

① 質：未經加工的質樸，樸實淳厚，但易顯得粗野。
② 文：後天習得的文飾，華麗可觀，但易流於虛浮。
③ 君子：指君子的修養而言，側重於文質搭配的過程與心得。參考〈12 · 8〉。

〈6‧19〉
子曰：「人之生也直，罔之生也幸而免。」

〈白話〉
孔子說：「人活在世間，原本應該真誠；沒有真誠而能活下去，那是靠著僥倖來免於災禍。」

〈解讀〉
① 直：真誠。只要真誠，就會順著向善的人性，走上擇善固執的人生正途。在此，以「真誠」解釋「直」較為合理。若以「直」為直爽，可參考〈5‧23〉、〈8‧2〉、〈13‧18〉、〈17‧8〉。
② 幸而免：不走人生正途的，就要靠運氣活下去了。世間靠運氣的人何其多啊！
③ 參照〈17‧2〉的解讀①。

〈6‧20〉
子曰：「知之者不如好（ㄏㄠˋ）之者，好之者不如樂之者。」

〈白話〉
孔子說：「了解做人處事的道理，比不上進一步去喜愛這個道理；喜愛這個道理，比不上更進一步去樂在其中。」

〈解讀〉
① 好之：喜愛一種道理，自然會付諸實踐，所以這是由知而行。
② 樂之：樂在其中。這是從知與行，提升到「我與道理合而為一」的境界，把「應該」去做的轉化為「自然」去做的。孔子的意思是鼓勵我們：由學習而變化氣質與培養風格。

〈6‧21〉

子曰:「中人以上,可以語(ㄩˋ)上也;中人以下,不可以語上
也。」

〈白話〉

孔子說:「中等材質的人願意上進,就可以告訴他們高深的道理;中等材
質的人自甘墮落,就沒有辦法告訴他們高深的道理了。」

〈解讀〉

① 中人:中等材質的人。由於對中人的判斷標準很難釐清,所以譯文重
　　點置於「以上、以下」(意思是而上、而下),依中人之上進與下墮
　　為標準。參考〈17‧3〉。
② 上:高深的道理,如「仁」。

〈6‧22〉

樊遲問知(ㄓˋ)。子曰:「務民之義,敬鬼神而遠(ㄩㄢˋ)之,可
謂知矣。」問仁。曰:「仁者先難而後獲,可謂仁矣。」

〈白話〉

樊遲請教什麼是明智。孔子說:「專心做好為百姓服務所該做的事,敬奉
鬼神但是保持適當的距離,這樣可以說是明智了。」他又請教什麼是行
仁。孔子說:「行仁的人先努力辛苦耕耘,然後才收穫成果,這樣可以說
是行仁了。」

〈解讀〉

① 鬼神:「敬而遠之」是古代認可的正確態度,並非始於孔子的想法。
　　《禮記‧表記》說:「周人尊禮尚施,事鬼敬神而遠之。」這種態度
　　提醒人不可「不問蒼生問鬼神」,而應該在尊敬鬼神時保持人的責任
　　意識。這樣才算明智。孔子在此顯然並無否定或懷疑鬼神的意思。參

照〈2‧24〉。

② 仁：行仁，或明白說成「人生正途」。孔子對於學生問仁所提供的答案各不相同。樊遲先後三次問仁，答案也不相同〈12‧22〉〈13‧19〉。何以如此，因為人生正途在於擇善固執，而擇善的方法不能脫離個人生命的具體處境，所以孔子不但因材施教，也因時因地因事因狀況而提出答案，希望弟子由此增益明智的抉擇能力，可以舉一反三，自行走上人生正途。

〈6‧23〉
子曰：「知者樂（一ㄠˋ）水，仁者樂山。知者動，仁者靜。知者樂，仁者壽。」

〈白話〉
孔子說：「明智的人愛好流水，行仁的人愛好高山。明智的人與物推移，行仁的人安穩厚重。明智的人常保喜樂，行仁的人得享天年。」

〈解讀〉
① 知者：知者與仁者並列，指明智的人與行仁的人。在理解上，先說明智的人如何如何，「進一步」再說行仁的人如何如何。孔子教學生並不是分知與仁兩科，而是全以行仁為主，而知者是走向仁者的必經之路。知者懂得如何「擇善」，仁者才能「固執」到底。樂水與樂山之樂為喜愛、愛好。

② 仁者：行仁的人。他的表現，綜合而言，是：能樂水，還能樂山；能動，還能靜；能樂，還能壽。這裡的「還能」是關鍵所在。

〈6‧24〉

子曰:「齊一變,至於魯;魯一變,至於道。」

〈白話〉

孔子說:「齊國只要一改善,就可以達到魯國的教化水準;魯國只要一改善,就可以達到周初的王道理想。」

〈解讀〉

① 齊:周初封姜太公於齊國。春秋初期,齊桓公為五霸之首,而教化水準有待改善。

② 魯:周初封周公之子伯禽於魯國。魯國在各國中以重視教化聞名。

③ 道:周初的王道理想。本章所論與當時背景有關,意思在指出教化之改善有漸進的步驟,最後目標則是道。

〈6‧25〉

子曰:「觚(《ㄨ)不觚,觚哉!觚哉!」

〈白話〉

孔子說:「觚這種酒器已經不像個有稜有角的觚了。這還是個觚嗎?這還是個觚嗎?」

〈解讀〉

① 觚:古代酒器,可裝二升酒。形狀上圓下方,腹部有稜角。後來稜角變成圓形,仍名為觚,已是名不副實。孔子的感嘆,還有一個理由,就是觚的容量有限,可以戒人少飲,而當時的風氣是仍用觚盛酒而未必少飲。

〈6‧26〉

宰我問曰：「仁者，雖告之曰『井有仁焉』，其從之也？」子曰：「何為其然也？君子可逝也，不可陷也；可欺也，不可罔也。」

〈白話〉

宰我請教說：「行仁的人，若是告訴他『井裡有仁可取』，他是否跟著跳下去呢？」孔子說：「他怎麼會這樣做呢？對一個君子來說，你可以讓他過去，卻不能讓他跳井；你可以欺騙他井裡有仁可取，卻不能誣賴他分辨不了道理。」

〈解讀〉

① 仁者：行仁的人。宰我大概聽說了殺身成仁的觀點，所以設想一種情況來請教老師。他顯然不清楚行仁者的作為，所以孔子回答時只說「君子」，意思是君子尚且不會這麼天真與愚昧，任意犧牲生命，更何況是行仁者了。

② 孔子對宰我的教誨，參照〈3‧21〉、〈5‧9〉、〈17‧21〉。

〈6‧27〉

子曰：「君子博學於文，約之以禮，亦可以弗畔（ㄆㄢˋ）矣夫！」

〈白話〉

孔子說：「有志成為君子的人，廣泛學習文獻知識，再以禮來約束自己的行為，這樣也就不致於背離人生正途了。」

〈解讀〉

① 君子：有志於君子者。這些文句，都應由動態的過程觀點來理解。不然的話，既然已是君子，又怎麼還需要這一類的叮嚀？

② 畔：叛。指背離人生正途而言。

③ 本章亦見於〈12‧15〉。顏淵受教於孔子，也有類似體驗〈9‧11〉。

〈6‧28〉

子見南子，子路不說（ㄩㄝˋ）。夫子矢（ㄕˇ）之曰：「予所否者，天厭之！天厭之！」

〈白話〉

孔子應邀與南子相見，子路對此很不高興。孔子發誓說：「我如果做得不對的話，讓天來厭棄我吧！讓天來厭棄我吧！」

〈解讀〉

① 南子：衛靈公夫人，想要孔子幫忙參政，又無真心任用之意。孔子周游列國到了衛國，衛靈公夫人南子正式約見孔子，於禮不該拒絕。子路大概還記得「名不正則言不順」的教訓，所以無法釋懷。

② 矢：發誓。由誓詞可見孔子所信者為天。

③ 天：孔子對於自己的行為合乎天命，有深刻的信心，所以會說出「天厭之」的話。參考〈11‧9〉解讀②。

〈6‧29〉

子曰：「中庸之為德也，其至矣乎！民鮮（ㄒㄧㄢˇ）久矣。」

〈白話〉

孔子說：「中庸這種德行，實在是最高的了！長期以來，百姓很少能做到的。」

〈解讀〉

① 中庸：就選擇行為之恰到好處，可名為「中」；就日常生活之長期堅持，可名為「庸」。合而言之，即是擇善固執，也就是人生正途。可以參考《中庸》一書的說法。詳細討論請見傅佩榮《大學‧中庸解讀》（立緒版）。

〈6‧30〉

子貢曰：「如有博施於民而能濟眾，何如？可謂仁乎？」子曰：「何事於仁，必也聖乎！堯舜其猶病諸！夫仁者，己欲立而立人，己欲達而達人。能近取譬，可謂仁之方也已。」

〈白話〉

子貢說：「如果有人善遍照顧百姓又能確實濟助眾人，這樣如何呢？可以稱得上行仁嗎？」孔子說：「這樣何止於行仁，一定要說的話，已經算是成聖了！連堯舜都會覺得難以做到啊！所謂行仁，就是在自己想要安穩立足時，也幫助別人安穩立足，在自己想要進展通達時，也幫助別人進展通達。能夠從自己的情況來設想如何與人相處，可以說是行仁的方法了。」

〈解讀〉

① 聖：聖是對仁的第三義「人之成」的描述。人之成，必有偉大的效應，就是由於一人「充分實現」其向善之性，導致天下大同的美境。這裡要補充說明的是：「善」是人與人之間適當關係之實現。因此，一人與天下人之間皆有適當關係，博施濟眾是一切人際關係之圓滿實現，通常只有帝王可以做到。堯舜正是這樣的帝王，但天下人生生不息，所以連堯舜也明白至善之不易。如果不由上述「善」的定義來理解，是無法說明孔子的意思的。我們一再以「行仁」來譯「仁」，並且強調其為動態的過程，也可以在此章獲得印証。關於「堯舜其猶病諸」，參照〈14‧42〉。

② 能近取譬：就是推己及人，設身處地去關心別人。如此才能做到「己所不欲，勿施於人」，再進一步求其立人與達人。

〈7‧1〉
子曰：「述而不作，信而好古，竊比於我老彭。」

〈白話〉
孔子說：「傳述而不創作，對古代文化既相信又愛好，我想自己很像我們的老彭吧。」

〈解讀〉
① 關於「述而不作」，可參考一，《中庸》談到禮樂之作，必須「有其德有其位」，如周公。二，司馬遷《史記‧孔子世家》說：「中國言六藝〔六經〕者，折中於夫子。」三，朱熹注說：「孔子刪詩書，定禮樂，贊周易，修春秋，皆傳先王之舊，而未嘗有所作也，故其自言如此。」
② 孔子對古（傳統文化）既信且愛，並且「敏以求之」（〈7‧20〉）。然後以此教育弟子，溫故知新，創立儒家以承先啟後。其使命為承禮啟仁。
③ 竊：謙虛之詞。我，親近之意。老彭：殷代大夫，事蹟不可考，作風大概就是孔子在此所描寫的。孔子是殷人後代，所以語氣親切。

〈7‧2〉
子曰：「默而識（ㄓˋ）之，學而不厭，誨人不倦，何有於我哉？」

〈白話〉
孔子說：「默默存思所見所聞，認真學習而不厭煩，教導別人而不倦怠，做到這三件事，其他一切與我有何關係呢？」

〈解讀〉

① 默而識之：孔子十五歲立志求學，未曾間斷，博聞強記而為人所知。《史記・孔子世家》記載當時幾件難解之事（如土中怪物、超長人骨、肅慎之矢），皆得請教孔子而明白。至於古代經典更不待言。其次，學而不厭：孔子自認好學過人〈5・27〉；然後，誨人不倦：孔子自謂如此〈7・34〉。

② 因此，上述三事直接與孔子的教學工作有關，無所謂困難或容易。歷代注家有的強調其難（朱注：何者能有於我？）有的強調其易（鄭玄注：我獨有之）。事實上，孔子此語意在說明只要盡好本分，做好稱職的老師，也即是做到這三件事，則其他世間一切與我有何關係呢？這是忠於職守的觀念，也有「不在其位不謀其政」〈8・14〉的意思。

③ 何有於我哉：欲知此語，須回溯堯時《擊壤歌》：「日出而作，日入而息，鑿井而飲，耕田而食，帝力於我何有哉？」意為百姓各盡其職，則帝王威權「與我有何關係？」在此「於我何有」亦可寫為「何有於我」（參考清朝所編《御批歷代通鑑輯覽》所引之《擊壤歌》）。孔子在〈9・16〉以同樣語句說了四件分內該做之事，可以對照參考。

〈7・3〉

子曰：「德之不修，學之不講，聞義不能徙，不善不能改，是吾憂也。」

〈白話〉

孔子說：「德行不好好修養，學問不好好講習，聽到該做的事卻不能跟著去做，自己有缺失卻不能立刻改正；這些都是我的憂慮啊。」

〈解讀〉

① 德：本章提及四件事，前兩件是德與學，所用的是「不」字，表示主動性不夠，應該增強的是志向。換言之，修德與講學是每一個人只要

「願意」，就可以做到的。

② 聞義：後兩件事，用的是「不能」，表示落實在具體生活中，無論遷善或改過，都是在願意之外，還須「努力」，並且需要終身行之。

③ 憂：憂慮，意思是最為關切者。不是孔子做不到這四件事，而是他對這四者念茲在茲，並且永不懈怠。由此可見，孔子如何日新又新，自強不息。他對人性的看法自然也不會是天真的「本善論」了。

〈7‧4〉
子之燕居，申申如也，夭夭如也。

〈白話〉
孔子平日閒暇時，態度安穩，神情舒緩。

〈解讀〉
① 燕居：閒居。譬如休閒時的居家生活。這裡彰顯了「君子坦蕩蕩」的心境〈7‧37〉。

〈7‧5〉
子曰：「甚矣吾衰也，久矣吾不復夢見周公。」

〈白話〉
孔子說：「我實在太衰老了，竟然很久都沒有夢見周公了。」

〈解讀〉
① 夢見：有思則有夢，表示孔子志在學習周公，既能匡正天下，又能制禮作樂。

② 周公：姬旦，周文王之子，武王之弟；輔佐武王之子成王，奠定周朝的基業，後代受封於魯國。

③ 孔子的類似感嘆，見〈9‧9〉。

〈7‧6〉

子曰：「志於道，據於德，依於仁，游於藝。」

〈白話〉

孔子說：「立志追求人生理想，確實把握德行修養，絕不背離人生正途，自在涵泳藝文活動。」

〈解讀〉

① 道：人生的康莊大道，指人生理想或完美人格而言，所以要立志追求。參照〈4‧9〉。

② 德：個人的德行修養，修德之原則相同而程度各自有別，所以要確實把握。參照〈7‧3〉。

③ 仁：在個人身上顯示的人生正途，側重於擇善固執，所以要絕不背離。參照〈6‧7〉。

④ 藝：禮樂射御書數六藝，可以統稱為藝文活動，所以要自在涵泳。參照〈9‧7〉。

〈7‧7〉

子曰：「自行束脩以上，吾未嘗無誨焉。」

〈白話〉

孔子說：「從十五歲以上的人，我是沒有不教導的。」

〈解讀〉

① 行束脩：古代十五歲的成童，行束脩之禮（以十束肉乾為禮）以入大學，後來引申為指年齡而言。東漢鄭玄尚知此說，見《後漢書‧延篤傳》的李賢注所引。參考〈10‧8〉。

② 自：《十三經注疏》中並無「自行……以上」的句法。古人說「自……以上」，皆指數字之增加，並且主要用於年齡，如《周禮‧秋官司

寇》的「自生齒〔一歲〕以上，皆書於版」。這一點並無例外，所以孔子的話是表示有教無類，而與薄禮、學費、敬意、誠心等無關。本章側重的，不是學生的態度，而是孔子身為老師的心願。

③ 參照〈7·29〉，「童子見，門人惑」，童子未滿十五歲，故門人惑。〈9·8〉「有鄙夫問於我」，鄙夫年十五以上而未送肉乾，孔子依然教誨。

〈7·8〉
子曰：「不憤不啟，不悱（ㄈㄟˇ）不發。舉一隅（ㄩˊ）不以三隅反，則不復也。」

〈白話〉
孔子說：「不到他努力想懂而懂不了，我不去開導；不到他努力想說而說不出，我不去引發。告訴他一個角落是如此，他不能隨之聯想到另外三個角落也是如此，我就不再多說了。」

〈解讀〉
① 憤：想懂而懂不了，心中難免憤憤，所以念書要發憤用功。
② 悱：想說而說不出，找不到合適的語詞，所以特別需要老師指點。孔子的「啟發式」教學必須以學生自己有心向上為前提。
③ 一隅：舉一反三是就聯想力而言，也是學習的重要方法。

〈7·9〉
子食於有喪者之側，未嘗飽也。

〈白話〉
孔子在家有喪事的人旁邊吃飯時，從來不曾吃飽過。

〈解讀〉

① 有喪者：家有喪事的人，由其服飾可知。孔子曾以幫人辦理喪事為業，所以會遇到這樣的場合，他的同情心自然流露出來。

② 孔子曾以助喪為業，所以他會提醒自己「喪事不敢不勉」〈9‧16〉。若有朋友過世而無人料理後事，他就說：「於我殯。」〈10‧22〉。

〈7‧10〉

子於是日哭，則不歌。

〈白話〉

孔子在這一天哭過，就不再唱歌了。

〈解讀〉

① 哭：感情自然流露。有感而發或觸景生情，都可能使人落淚。由本章所言，可知孔子的「哭」並不罕見，也不在意被人知道。

② 歌：哭則不歌，表示不哭就「有可能」歌，並且這樣的歌必是歡愉和樂的。由此可知孔子不但感情豐富，而且很能自得其樂。參照〈7‧32〉。

〈7‧11〉

子謂顏淵曰：「用之則行，舍之則藏，唯我與爾有是夫。」子路曰：「子行三軍則誰與？」子曰：「暴虎馮（ㄆㄧㄥˊ）河，死而無悔者，吾不與也：必也臨事而懼，好謀而成者也。」

〈白話〉

孔子對顏淵說：「有人任用，就發揮抱負；沒人任用，就安靜修行；只有我與你可以做到吧！」子路說：「老師率領軍隊的話，要找誰同去？」孔子說：「空手打虎，徒步過河，這樣死了都不後悔的人，我是不與他同去的。一定要找同去的人，那就是面對任務戒慎恐懼，仔細籌畫以求成功的人。」

① 用：任用權在別人，如何因應則在自己。孔子認為這是極其困難的挑戰。一般人是易「行」難「藏」。

② 行：即使是率領三軍（大國有三軍，每軍一萬二千五百人），也不能有勇無謀，參考〈9‧26〉。這句話說明「行」也不容易。孔子對顏淵的肯定，參看〈5‧8〉、〈6‧11〉。

〈7‧12〉

子曰：「富而可求也，雖執鞭之士，吾亦為之，如不可求，從吾所好（ㄏㄠˋ）。」

〈白話〉

孔子說：「財富如果可以求得，就算在市場擔任守門卒，我也去做，如果無法以正當手段求得，那麼還是追隨我所愛好的理想吧。」

〈解讀〉

① 可：可與不可是就手段而言，亦即手段是否正當。依周禮，兩種人執鞭：一是在天子、諸侯出行時，為之開道者；二是在市場擔任守門卒。後者較有賺錢機會。在此執鞭之士是市場守門卒，表示只要手段正當，再辛苦再卑微的工作都無妨。孔子對財富的態度參看〈4‧5〉，〈7‧16〉。

② 所好：所好者不是指財富，而是指原則或理想。財富是附加於人生的，可多可少。

〈7‧13〉

子之所慎：齊（ㄓㄞ）、戰、疾。

〈白話〉

孔子以慎重態度對待的三件事是：齋戒、戰爭、疾病。

〈解讀〉

① 齊：齋戒，就是祭祀之前的準備。在順序上排第一，表示孔子對鬼神的誠敬態度，已經成為他的生活特色了。若無信仰，何能如此？參考〈3‧12〉。

② 戰：戰爭決定國家的興衰榮辱與個人的生死存亡，豈可不慎？孔子對管仲的肯定，即在於他化解了戰爭的災難。見〈14‧16〉，〈14‧17〉。

③ 疾：個人應該珍惜生命，以完成人生理想。孔子小心飲食〈10‧8〉，並且安心養病〈10‧16〉。

〈7‧14〉

子在齊聞《韶（ㄕㄠˊ）》，三月不知肉味，曰：「不圖為樂（ㄩㄝˋ）之至於斯也。」

〈白話〉

孔子在齊國聆聽《韶》樂的演奏，有一段相當長的時間食肉而不知其味，於是他說：「想不到製作音樂可以到達這麼完美的地步。」

〈解讀〉

① 孔子是魯國人，崇尚禮樂，為何到了齊國才「聞《韶》」？依《漢書‧禮樂志》，「春秋時，陳公子完奔齊。陳，舜之後，韶樂存焉。」原來是陳完把舜時的韶樂（包含樂曲、樂師、樂器等）帶到齊國，因而保存了這份文化結晶。陳氏在齊，後稱田氏，最後篡了齊君之位。《韶》樂之完美，參考〈3‧25〉。

② 三月：描寫一段相當長的時間，有如一個季節。肉味：人的感官功能有相當的作用，若是其中一種受到強烈震撼，其他的就退居幕後。這也可以說是：「用心」所在，可以使人暫時忽略其他官能。

〈7‧15〉

冉有曰：「夫子為（ㄨㄟˋ）衛君乎？」子貢曰：「諾，吾將問之。」入，曰：「伯夷、叔齊何人也？」曰：「古之賢人也。」曰：「怨乎？」曰：「求仁而得仁，又何怨？」出，曰：「夫子不為也。」

〈白話〉

冉有說：「老師會幫助衛君嗎？」子貢說：「好，我去請教他。」子貢走進屋子，說：「伯夷、叔齊是什麼樣的人？」孔子說：「古代的有德之士。」子貢說：「他們會抱怨自己的遭遇嗎？」孔子說：「他們所求的是行仁，也得到了行仁的結果，還抱怨什麼呢？」子貢走出屋子，說：「老師不會幫助衛君。」

〈解讀〉

① 衛君：衛出公，名輒，為靈公之孫，太子蒯聵之子。蒯聵得罪南子，逃往晉國；三年後，靈公死，立其孫輒為君。晉國送回蒯聵，乘機侵衛，衛國抵抗晉兵，阻止蒯聵回國。這是父子爭國的局面。

② 伯夷、叔齊是商末孤竹國國君的兩個兒子。孤竹君留下遺命要立次子叔齊為繼承人。叔齊讓位給伯夷，伯夷不受，叔齊也不願登位，兩人先後逃到首陽山。這是兄弟讓國的故事。他們若是無怨，表示孔子不會認同衛國目前的局面，自然不會介入幫助了。

③ 賢人：有德之士，志在行仁者。孔子評價古人為「得仁」的，也極為少見。參照〈5‧22〉、〈16‧12〉、〈18‧8〉。

〈7‧16〉

子曰：「飯疏食飲水，曲肱（ㄍㄨㄥ）而枕（ㄓㄣˋ）之，樂亦在其中矣。不義而富且貴，於我如浮雲。」

〈白話〉

孔子說：「吃的是粗食，喝的是冷水，彎起手臂作枕頭，這樣的生活也有樂趣啊！用不正當的手段得來的富貴，對我就好像浮雲一樣。」

〈解讀〉

① 樂：一個人活著，只要具備最基本的生活條件，照樣可以快樂。這種快樂是走在人生正途上的效應，其明確目標是「從心所欲不踰矩」〈2‧4〉；若能進而兼善天下，與民同樂，更是足以快慰平生。參照〈6‧11〉。

② 孔子對富貴的態度，見〈4‧5〉，〈7‧12〉。

〈7‧17〉

子曰：「加我數年，五十以學《易》，可以無大過矣。」

〈白話〉

孔子說：「讓我多活幾年，到五十歲時專心研究《易經》，以後就不會有大的過錯了。」

〈解讀〉

① 《易》：孔子自十五歲志於學，並且終身學不厭，因此我們沒有理由說他五十以前不曾學過《易經》，何況他早已知道學習之後可以無大過。本章所謂「學」，是謙詞，意思是專心研究，並且把心得應用於生活中，然後成效自明。至於「無大過」，則是自勉之語，唯有如此戒慎，才可日進於德。《論語》直接引用《易經》的可見〈13‧22〉。

② 《易》的占驗之詞中，最常見到的是「無咎」，意為「善補過者也」。如此，則自然可以做到「無大過」。至於小過，則誰能免？參考〈7‧3〉，〈7‧31〉。

〈7‧18〉

子所雅言：《詩》、《書》、執禮，皆雅言也。

〈白話〉

孔子用標準古音來讀《詩》、讀《書》與執行禮儀，這些時候都說標準古音。

〈解讀〉

① 雅言：標準古音，不同於當時的各國方言。雅言不但是正式官話，也可以顯示古籍與禮儀中的原始音義。

〈7‧19〉

葉（ㄕㄜˋ）公問孔子於子路，子路不對。子曰：「女（ㄖㄨˇ）奚不曰：『其為人也，發憤忘食，樂以忘憂，不知老之將至云爾。』」

〈白話〉

葉公問子路有關孔子的為人，子路沒有回答。孔子說：「你為什麼不這樣說：『他這個人，發憤用功就忘記了吃飯，內心快樂就忘記了煩惱，連自己快要衰老了都不知道，如此而已。』」

〈解讀〉

① 葉公：沈諸梁，字子高，楚國大夫，擔任葉地縣長。楚君稱王，大夫也跟著稱公。傳言中的「葉公好龍」即指此君。

② 不對：子路沒有回答，可能是因為很難描述像孔子這樣的人物。孔子的自我描述則顯示了忘食忘憂忘老等特色，這「三忘」正是一般人無法化解的難題。

〈7‧20〉

子曰：「我非生而知之者，好古，敏以求之者也。」

〈白話〉

孔子說：「我不是生來就有知識的，我的知識是愛好古代文化，再勤奮敏捷去學習得來的。」

〈解讀〉

① 生而知之：孔子以博學知名，也許有人以為他是生而知之，因而有這一段話說明。我們要效法的，是「敏以求之」。參照〈7‧1〉。

② 孔子確實認為有「生而知之」的人〈16‧9〉。此時所知者，並非日常生活的知識，而是做人處事的道理。

〈7‧21〉

子不語：怪、力、亂、神。

〈白話〉

孔子不談論有關反常的、勇力的、悖亂的、神異的事情。

〈解讀〉

① 不語：不談論，並不表示沒有這些事。參照「子罕言」〈9‧1〉。

② 怪：反常的事使人迷惑，勇力的事使人忘德，悖亂的事使人不安，神異的事使人妄想。

③ 神：神異之事，與迷信有關者。在此並非指古代所信的鬼神。事實上，孔子多次談及鬼神，參照〈2‧24〉、〈6‧22〉、〈8‧21〉。

〈7‧22〉

子曰：「三人行，必有我師焉：擇其善者而從之，其不善者而改之。」

〈白話〉

孔子說：「幾個人一起走路，其中一定有我可以取法的：我選擇他們的優點來學習，看到他們的缺點就警惕自己不要學壞。」

〈解讀〉

① 三人：少數幾個人。意思是：只要有心，到處都可以找到學習的機會。參考〈4‧17〉。

〈7‧23〉

子曰：「天生德於予，桓魋（ㄊㄨㄟˊ）其如予何？」

〈白話〉

孔子說：「天是我這一生德行的來源，桓魋又能對我怎麼樣呢？」

〈解讀〉

① 桓魋：向魋，又稱桓魋，為宋國司馬（軍事統帥）。當時孔子五十九歲，是知天命之後的順天命時期，因此遇到生命危險，立即訴求於天。參照〈9‧5〉。

② 德：德是自己修養的成果，但是為何要修德？對孔子而言，是因為了解人性，以及知天命與順天命，所以這種成果最根本的來源是天。參考〈11‧9〉解讀②。若以「德」為字面上所說的「天生」，則應該人人皆有，那麼孔子憑什麼說「桓魋其如予何」？

〈7‧24〉

子曰：「二三子以我為隱乎？吾無隱乎爾。吾無行而不與二三子者，是丘也。」

〈白話〉

孔子說：「你們幾位學生以為我有所隱藏嗎？我對你們沒有任何隱藏。我的一切作為都呈現在你們眼前，那就是我的作風啊。」

〈解讀〉

① 隱：隱藏，譬如另有進德修業的秘訣。學生可能覺得自己進步有限，想要速成，所以提出這樣的疑問。

② 行：孔子以「行」來回應，表示任何高深的道理都須落實於人生中。

③ 學生以為孔子有所「隱」，孔子則感嘆「莫我知也夫」〈14‧35〉。要了解孔子的全部思想，實非易事。

〈7‧25〉

子以四教：文、行、忠、信。

〈白話〉

孔子教學有四項重點：文獻知識，行為規範，忠於職守，言而有信。

〈解讀〉

① 行：行為規範，特別指守禮而言，亦即顏淵所說的「約我以禮」。因此，不妨另外強調忠與信，以突顯真誠心意的重要。

〈7‧26〉

子曰：「聖人，吾不得而見之矣；得見君子者，斯可矣。」子曰：
「善人，吾不得而見之矣，得見有恆者斯可矣。亡（ㄨˊ）而為有，
虛而為盈，約而為泰，難乎有恆矣。」

〈白話〉

孔子說：「聖人，我是沒有機會見到了；能夠見到君子，也就不錯了。」
孔子又說：「善人，我是沒有機會見到了；能夠見到有恆的人，也就不錯
了。明明沒有卻裝作有，明明空虛卻裝作充實，明明窮困卻裝作豪華；要
做到有恆，是多麼困難啊！」

〈解讀〉

① 聖人：人格完美又能周濟天下。君子是朝著此一目標奮鬥的人。因
　此，談到君子，常須留意其動態過程。

② 善人：行善有成的人，在此相近於仁者。至於有恆者的「恆」字，是
　指擇善之「固執」而言。若是有恆到一定程度，即可成為善人，亦即
　行善有成。但是，只要注意力一轉向外在得失的評價，就很難做到有
　恆了。

③ 孔子既然宣稱未能見到「善人」，可知「善人」是需要長期實踐才可
　成就的。關於「善人」，參考〈11‧20〉、〈13‧11〉、〈13‧
　29〉。

〈7‧27〉

子釣而不綱，弋（一ˋ）不射宿。

〈白話〉

孔子釣魚時，不使用綁著許多鉤子的綱繩；以附帶生絲的箭射鳥時，不針
對在巢中休息的鳥。

〈解讀〉

① 弋：射，其箭後附有生絲，一旦射中就自動纏繞起來，使鳥立即墜下。

② 宿：在巢中休息的或哺育的鳥。

③ 釣、弋：古代男子的休閒活動，以適可而止為原則。

〈7・28〉

子曰：「蓋有不知而作之者，我無是也。多聞，擇其善者而從之；多見而識（ㄓˋ）之；知之次也。」

〈白話〉

孔子說：「也許有人是自己不懂卻去創作的，我與他們不同。多聽，選擇其中正確的部分來接受；多看，把好的記在心裡。這種知是僅次於『生而知之』的。」

〈解讀〉

① 知之次：第二等的知，指「學而知之」，僅次於生而知之。關於生而知之，見〈7・20〉、〈16・9〉。

② 由此可見，孔子強調「多聞、多見」，但須有判斷及選擇的能力。

〈7・29〉

互鄉難與言，童子見，門人惑。子曰：「與其進也，不與其退也，唯何甚？人潔己以進，與其潔也，不保其往也。」

〈白話〉

互鄉的人很難溝通，有一個少年卻得到孔子接見，學生們覺得困惑。孔子說：「我是贊成他上進，不希望他退步，又何必過度苛責？別人修飾整潔來找我，我就嘉許他整潔的一面，不去追究他過去的作為。」

〈解讀〉

① 互鄉：地名。難與言，也許是對外來的人不太友善。

② 童子：年齡未滿十五歲者。本章並未指出童子是否帶著薄禮，但是卻明確顯示他是十五歲以下，那麼孔子說「從十五歲以上的人，我是沒有不教導的。」〈7‧7〉這是否有問題呢？沒有，因為孔子的話並不排斥有例外的情況。不過，也許正因為這種例外，學生們才在「難與言」的顧慮中更覺得困惑。我們由此得知孔子的為師之道。

〈7‧30〉

子曰：「仁遠乎哉？我欲仁，斯仁至矣。」

〈白話〉

孔子說：「行仁離我很遠嗎？只要我願意行仁，立刻就可以行仁。」

〈解讀〉

① 仁：行仁，或直接解為「人生正途」。這種人生正途不能說是「在內不在外」，只能說是在於一個人「欲不欲行」，只要欲行，當下即可擇善固執。在此，「行仁」是動詞，而「人生正途」是名詞，這兩者合而言之，就是以「仁」代表「走在人生正途上」。

② 孔子期許學生「志於仁」〈4‧4〉，「依於仁」〈7‧6〉，「不違仁」〈6‧7〉；可見「仁」並非本性所具，本性所具者是「向善」的力量，由此走上行仁之途。

〈7‧31〉

陳司敗問：「昭公知禮乎？」孔子曰：「知禮。」孔子退，揖巫馬期而進之，曰：「吾聞君子不黨，君子亦黨乎？君取於吳，為同姓，謂之吳孟子。君而知禮，孰不知禮？」巫馬期以告。子曰：「丘也幸，苟有過，人必知之。」

〈白話〉

陳司敗問：「魯昭公懂得禮制嗎？」孔子說：「懂得禮制。」孔子離開後，陳司敗向巫馬期作揖，上前對他說：「我聽說君子不偏袒自己人，難道君子也偏袒自己人嗎？魯昭公從吳國娶了一位夫人，魯吳兩國是同姓，所以魯人稱她為吳孟子。魯君如果懂得禮制，那麼誰不懂得？」巫馬期轉述了這番話，孔子說：「我真幸運，只要有什麼過錯，別人一定會知道。」

〈解讀〉

① 陳司敗：陳國大夫，司敗是官名，管理治安的。

② 昭公：魯昭公，名裯（ㄔㄡˊ），繼襄公之位。此時昭公已死二十餘年。

③ 巫馬期：姓巫馬，名施，字子期，小孔子三十歲，孔子學生。

④ 吳孟子：魯為周公之後，吳為太伯（泰伯，為周文王的大伯）之後；皆姓姬。這位夫人原本名為吳姬（國名加上本姓，為國君夫人稱號），為了避開「同姓不婚」的禮制，所以改稱吳孟子（孟子可能是她的字）。

⑤ 過：孔子的過錯是情有可原的，因為當時有「不言君親之惡」的規範。

〈7・32〉

子與人歌而善，必使反之，而後和（ㄏㄜˋ）之。

〈白話〉

孔子與別人一起唱歌，唱得開懷時，一定請他再唱一遍，然後自己又和他一遍。

〈解讀〉

① 歌：孔子平日若是不哭，則很可能唱歌〈7・10〉。本章描寫他與別人

一起唱歌的情形，所流露的愉悅氣氛令人羨慕。

〈7‧33〉

子曰：「文，莫吾猶人也，躬行君子，則吾未之有得。」

〈白話〉

孔子說：「文獻知識，大概我與別人差不多，確實做到君子的修養，我還沒有辦法。」

〈解讀〉

① 文：文獻知識，與行對應。

② 莫：可能是「其」之誤，也有說是「大約」之意。這兩者在此意思相近。

③ 孔子與一般人的對比，參照〈12‧13〉。

〈7‧34〉

子曰：「若聖與仁，則吾豈敢？抑為之不厭，誨人不倦，則可謂云爾已矣。」公西華曰：「正唯弟子不能學也。」

〈白話〉

孔子說：「像聖與仁的境界，我怎麼敢當？如果說是以此為目標，努力實踐而不厭煩，教導別人而不倦怠，那麼或許我還可以做到。」公西華說：「這正是我們學生沒有辦法學到的。」

〈解讀〉

① 聖：與仁並列時，表示聖所側重的是結果，仁則側重於過程，兩者都是凡人所能嚮往的完美境界。

② 為之：既然先談聖與仁，這裡的「為之」自然是以二者為目標。孔子的終身志向也確是如此。參考〈5‧25〉、〈7‧2〉。

〈7‧35〉

子疾病，子路請禱。子曰：「有諸？」子路曰：「有之；《誄（ㄌㄟˇ）》曰：『禱爾于上下神祇（ㄑㄧˊ）。』」子曰：「丘之禱久矣。」

〈白話〉

孔子病得很重，子路請示要作禱告。孔子說：「有這樣的事嗎？」子路說：「有的，《誄文》上說：『為你向天神地祇禱告。』。」孔子說：「我長期以來一直都在禱告啊！」

〈解讀〉

① 誄：為生者求福是「讄」，為紀念死者才用「誄」。本章據此而改正。

② 丘之禱：孔子最慎重的事是「齊」〈7‧13〉，對於祭祀極為虔誠〈3‧12〉，平日飲食每飯必「祭」〈10‧11〉，因此生活中無時無地不與天神地祇交往，不必這時再去刻意禱告。另一方面，孔子說過「獲罪於天，無所禱也」〈3‧13〉，顯示他以天為唯一禱告的對象，因此不願再去勞煩神祇。

〈7‧36〉

子曰：「奢則不孫（ㄒㄩㄣˋ），儉則固。與其不孫也，寧固。」

〈白話〉

孔子說：「奢侈就會變得驕傲，儉約就會流於固陋。與其驕傲，寧可固陋。」

〈解讀〉

① 「孫」通「遜」。不孫：不謙遜，驕傲自大。另一方面，固是固陋。兩者都是缺點，兩害相權取其輕。參考〈3‧4〉、〈3‧22〉。

〈7‧37〉
子曰：「君子坦蕩蕩，小人長戚戚。」

〈白話〉
孔子說：「君子心胸光明開朗，小人經常愁眉苦臉。」

〈解讀〉
① 君子：修養有成者。不論窮達順逆，都因為走在人生正途上而充滿自信與喜悅。
② 小人：無志之人，即使富貴，也會「患得患失」〈17‧15〉，何況處於困境時？
③ 君子與小人的對比，參考〈2‧14〉解讀③。

〈7‧38〉
子溫而厲，威而不猛，恭而安。

〈白話〉
孔子看起來溫和而嚴肅，威嚴而不剛猛，謙恭而安適。

〈解讀〉
① 溫：本章三小段都是兩種對立神情的描述，調和起來恰到好處，可以做為今日培養「情緒智商」（EQ）的參考。

〈8‧1〉

子曰：「泰伯，其可謂至德也已矣。三以天下讓，民無得而稱
焉。」

〈白話〉

孔子說：「泰伯，可以說表現了至高的德行啊。他多次把天下讓給人，百
姓卻找不出具體的德行來贊美他。」

〈解讀〉

① 泰伯：亦即太伯，周文王的大伯。周朝祖先古公亶父有三子：泰伯、
　　仲雍、季歷。古公亶父想把王位傳給季歷，所以泰伯與仲雍出走到後
　　來的吳國，以便季歷接位。季歷生子姬昌（周文王），後來才有周文
　　王與其子武王的建立周朝。

② 無得：至德無形，不著痕跡，但是成全了孝悌與其他德行。孔子的重
　　點在於此。行善除了真誠，也需智慧，否則如何擇而行之。對照「民
　　無德而稱焉」〈16‧12〉。

〈8‧2〉

子曰：「恭而無禮則勞，慎而無禮則葸（ㄒㄧˇ），勇而無禮則亂，
直而無禮則絞。君子篤於親，則民興於仁；故舊不遺，則民不
偷。」

〈白話〉

孔子說：「一味謙恭而沒有禮的節制，就會流於勞倦；一味謹慎而沒有禮
的節制，就會顯得畏縮；只知勇敢行事而沒有禮的節制，就會製造亂局；
只知直言無隱而沒有禮的節制，就會尖刻傷人。政治領袖對待親族厚道，

百姓就會漸漸走上人生正途；他們不遺棄過去的友人，百姓就不會刻薄無情。」

〈解讀〉
① 禮：禮的節制。恭、慎、勇、直都是好的表現，但是若無適當規範而陷於極端，則後果難以預料。對照「六言六蔽」〈17‧8〉。
② 君子：在此指政治領袖，因為相對的是民。
③ 仁：人生正途，表現為淳厚的風氣。

〈8‧3〉
曾子有疾，召門弟子曰：「啟予足！啟予手！《詩》云：『戰戰兢（ㄐㄧㄥ）兢，如臨深淵，如履薄冰。』而今而後，吾知免夫！小子。」

〈白話〉
曾子生病時，把他的學生召集到家中，說：「看看我的腳，看看我的手！《詩經》上說：「『戰戰兢兢啊，好像走在深淵旁邊，好像走在薄冰上面。』直到現在，我才敢說自己可以免於毀傷了。同學們記住啊！」

〈解讀〉
① 詩：引文見《詩‧小雅‧小旻》。
② 免：手腳健全，表示一生愛護身體，也不曾犯法受刑。這是對父母的孝心與對個人生命的盡責。

〈8‧4〉
曾子有疾，孟敬子問之。曾子言曰：「鳥之將死，其鳴也哀；人之將死，其言也善。君子所貴乎道者三：動容貌，斯遠（ㄩㄢˋ）暴慢矣；正顏色，斯近信矣；出辭氣，斯遠鄙倍矣。籩（ㄅㄧㄢ）豆之事，則有司存。」

〈白話〉

曾子生病時，孟敬子來探望他。曾子對他說：「鳥快死時，叫聲是悲淒的；人臨死時，說話是有道理的。政治領袖要把握以下三個原則：舉止與態度要威嚴，如此可以使自己避免粗暴與怠慢；神情與臉色要端莊，如此可以使自己容易表現誠信；言語與聲調要穩重，如此可以使自己避免鄙陋與狂妄。至於禮儀方面的細節，自有主管其事的人去負責。」

〈解讀〉

① 孟敬子：仲孫捷，孟武伯之子，為魯國大夫。

② 善：指一定的道理。人之將死，其言出於真心，總結一些心得，應有可參考的價值。

③ 君子：在位者或政治領袖。

④ 籩豆：籩和豆。古代祭祀及宴會時常用的兩種禮器。竹製為籩，木製為豆。

〈8‧5〉

曾子曰：「以能問於不能，以多問於寡；有若無，實若虛，犯而不校（ㄐㄧㄠˋ）；昔者吾友嘗從事於斯矣。」

〈白話〉

曾子說：「自己有本事，卻去請教沒有本事的人；自己知識豐富，卻去請教知識有限的人；有學問卻像沒有學問，內心充實卻像空無一物；被人冒犯了也不計較。從前我的一位朋友就曾這樣做了。」

〈解讀〉

① 能：是就行為而言，「多」則是就知識而言。

② 吾友：應該是指顏淵。

〈8 · 6〉

曾子曰：「可以託六尺之孤，可以寄百里之命，臨大節而不可奪也；君子人與？君子人也。」

〈白話〉

曾子說：「可以把年少的孤兒託給他照顧，可以把國家的命脈交給他負責，遇到重大關節也不能使他放棄操守；這種人稱得上是君子嗎？這種人是君子啊！」

〈解讀〉

① 六尺：古代以二歲半長高一尺（二十三公分），六尺為十五歲。六尺相當於今日的一三八公分，指尚未成年者。

② 君子：有德之人，必須兼具能力與節操，不能只是空談心性。

〈8 · 7〉

曾子曰：「士不可以不弘毅，任重而道遠。仁以為己任，不亦重乎？死而後已，不亦遠乎？」

〈白話〉

曾子說：「讀書人不能沒有恢弘的器度與剛毅的性格，因為他承擔重任而路途遙遠。以行仁為自己的責任，這個擔子還不沉重嗎？直到死時才停下腳步，這個路程還不遙遠嗎？」

〈解讀〉

① 士：讀書人，目標是行仁。行仁時，走在人生正途上，不論是否從政，都是很大的挑戰。參照〈4 · 9〉，〈13 · 20〉，〈14 · 2〉，〈19 · 1〉。

② 任：行仁是一生的事，要推己及人，兼善天下，所以是重任；死而後已，所以道遠。本章充分顯示仁為人生正途的觀點，值得深思。曾子

此語，表示他明白了「仁」才是孔子的一貫之道。參照〈4‧15〉。

〈8‧8〉
子曰：「興於詩，立於禮，成於樂。」

〈白話〉
孔子說：「啟發上進的意志，要靠讀詩；具備處世的條件，要靠學禮；達成教化的目標，要靠習樂。」

〈解讀〉
① 興、立、成：都是針對一個人而說的；詩、禮、樂則是主要的憑藉。讀詩、學禮與習樂，並非階梯式的上升，而是交互為用，相與並行，只是在效應上有先後之別。參照〈17‧9〉，〈20‧3〉，〈3‧25〉。
② 樂：列為最後一步，是因為教化的「化」字在樂曲中充分彰顯，可以達到人我的感通與均調。參照〈15‧11〉。

〈8‧9〉
子曰：「民，可使由之，不可使知之。」

〈白話〉
孔子說：「對待百姓，可以使他們走在人生正途上，卻沒有辦法使他們了解其中的道理。」

〈解讀〉
① 由之：有的是效法政治領袖的表率，有的是依循禮樂教化，也有的是遵守法令規章。只要走在人生正途上，都是好的。
② 知之：人生的道理有淺有深，若要使百姓透徹了解，恐怕事倍功半，甚至徒勞無功。

〈8‧10〉

子曰：「好（ㄏㄠˋ）勇疾貧，亂也。人而不仁，疾之已甚，亂也。」

〈白話〉

孔子說：「愛好勇敢的人，如果厭惡貧困，就會作亂生事。對於不肯走在人生正途上的人，如果厭惡得太過分，也會使他作亂生事。」

〈解讀〉

① 疾：厭惡到憎恨的地步。勇是美德，但是若不節制或不明理，就會陷於亂局。「疾貧」則是既不明理也不節制的表現。

② 不仁：不肯或未能行仁的人。這種判斷，有的是根據明顯的偏邪行為，有的則是黨派立場互異所致。

〈8‧11〉

子曰：「如有周公之才之美，使驕且吝，其餘不足觀也已。」

〈白話〉

孔子說：「即使一個人才華卓越有如周公，如果他既驕傲又吝嗇，其他部分也就不值得欣賞了。」

〈解讀〉

① 才：才華是天賦優點，善加發揮可以成己成物。但是，如果因此而驕傲自大，又吝於關懷別人，就不值一顧了。

② 「驕且吝」，表示此人的價值觀仍在「自我中心」階段，只顧自己的生存與發展，對社會並無助益。

〈8‧12〉

子曰：「三年學，不至於穀，不易得也。」

〈白話〉

孔子說：「入學讀書三年，還未想到做官的念頭，已經是很不容易的事了。」

〈解讀〉

① 三年：古代入大學三年就要測試所學，這時往往出現從政的念頭，因為學以致用是順理成章的事。

② 穀：俸祿，指做官而言。不想到穀，表示心在學上，願意更加充實自己，這當然是可貴之事。參照〈5‧5〉、〈6‧9〉。

〈8‧13〉

子曰：「篤信好學，守死善道。危邦不入，亂邦不居。天下有道則見（ㄒㄧㄢˋ），無道則隱。邦有道，貧且賤焉，恥也。邦無道，富且貴焉，恥也。」

〈白話〉

孔子說：「以堅定的信心愛好學習，為了完成人生理想可以犧牲生命。不前往危險的國家，也不住在混亂的國家。天下上軌道，就出來做事；不上軌道，就隱居起來。國家上軌道時，要以貧窮與卑微為可恥；國家不上軌道時，要以富有與高位為可恥。」

〈解讀〉

① 守死：持守至死；善道，完成理想。參照〈15‧9〉、〈14‧1〉、〈4‧8〉。

② 天下：涵蓋各國在內，古代為天子所治。道：正道，指應循的正途。

〈8‧14〉

子曰：「不在其位，不謀其政。」

〈白話〉

孔子說：「不是擔任某一職位，就不去設想那個職位的業務。」

〈解讀〉

① 位：職位。政治要分工合作，譬如在民主時代，除了各級政府官員，還有專職的民意代表，而不是大家任意發表意見，全無章法。
② 本章亦見於〈14‧26〉。

〈8‧15〉

子曰：「師摯（ㄓˋ）之始，《關雎（ㄐㄩ）》之亂，洋洋乎盈耳哉！」

〈白話〉

孔子說：「從師摯開始演奏，到結束時的《關雎》之曲，我的耳中一直洋溢著美妙的音樂啊！」

〈解讀〉

① 師摯：魯國大師（音樂主管），名摯。
② 《關雎》：《詩‧周南‧關雎》，古詩皆可入樂。「亂」為音樂演奏的結束。

〈8‧16〉

子曰：「狂而不直，侗（ㄊㄨㄥˊ）而不愿，悾（ㄎㄨㄥ）悾而不信，吾不知之矣。」

〈白話〉

孔子說：「狂妄而不直爽，愚昧而不忠厚，無能而不守信。這種人我不知道他是怎麼回事。」

〈解讀〉

① 狂：孔子提到的三組相對的不良表現，本來是不易並存的，現在一起出現在一人身上，所以讓他也覺得莫名其妙。參照〈17‧16〉。

〈8‧17〉

子曰：「學如不及，猶恐失之。」

〈白話〉

孔子說：「學習時要像趕不上什麼一樣，趕上了還擔心會失去啊。」

〈解讀〉

① 不及：學海無涯，必須把握時機去學習。學了之後，須有心得，才能守住。

② 可參考子夏所謂的「好學」〈19‧5〉。

〈8‧18〉

子曰：「巍（ㄨㄟˊ）巍乎，舜禹之有天下也而不與（ㄩˋ）焉。」

〈白話〉

孔子說：「真是崇高啊！舜與禹擁有天下而不刻意去統治。」

〈解讀〉

① 不與：不刻意去統治，因為他們知人善任，由百官分層負責；他們看似不參與實際政務，當然也談不上圖謀自己的利益了。參照〈15‧5〉之「無為而治」。

〈8‧19〉

子曰：「大哉堯之為君也！巍巍乎！唯天為大，唯堯則之。蕩蕩乎，民無能名焉。巍巍乎其有成功也，煥乎其有文章。」

〈白話〉

孔子說：「偉大啊，像堯這樣的天子！真是崇高啊！只有天是最偉大的，只有堯是效法天的。他的恩澤廣博啊，百姓沒有辦法去形容。他的豐功偉業令人景仰，他的典章制度也輝煌可觀。」

〈解讀〉

① 天：古代帝王稱為天子，意思是大家相信天是政權的合法基礎與最後來源。本章談到堯效法天，正好反映了此一信念。如果不從這個角度理解，而以為天只是自然之天，那麼將很難避免荀子「天行有常，不為堯存，不為桀亡」（《荀子‧天論》）之類的主張。

② 名：堯太完美了，使百姓想不出該如何稱頌。參照〈20‧1〉。

〈8‧20〉

舜有臣五人而天下治。武王曰：「予有亂臣十人。」孔子曰：「才難，不其然乎？唐虞之際，於斯為盛。有婦人焉，九人而已。三分天下有其二，以服事殷。周之德，其可謂至德也已矣。」

〈白話〉

舜有五位賢臣而天下太平。周武王說：「我有十位能治理國家的大臣。」孔子說：「人才難得，不正是如此嗎？從唐堯和虞舜的時代以來，到周朝人才鼎盛。武王的人才中有一位是婦女，所以實際上是九位。擁有三分之二的天下，還繼續臣服於殷朝。周朝的德行，可以說是至高的德行了。」

〈解讀〉

① 五人：禹、稷、契（ㄒㄧㄝˋ）、皋（ㄍㄠ）陶（ㄧㄠˊ）、伯益。

② 十人：周公旦、召（ㄕㄠˋ）公奭（ㄕˋ）、太公望、畢公、榮公、太顛、閎夭、散宜生、南宮适（ㄎㄨㄛˋ）。加上邑姜（武王之妻，負責治理宮內之事，所以隨後接著說九人而已）。《說文》：亂，治也。「亂臣」為治國之臣。

〈8‧21〉

子曰：「禹，吾無間（ㄐㄧㄢˋ）然矣。菲（ㄈㄟˇ）飲食而致孝乎鬼神，惡（ㄜˋ）衣服而致美乎黻（ㄈㄨˊ）冕（ㄇㄧㄢˇ），卑宮室而盡力乎溝洫（ㄒㄩˋ）。禹，吾無間然矣。」

〈白話〉

孔子說：「禹，我對他沒有任何批評啊。他吃得簡單，對鬼神的祭品卻辦得很豐盛；他穿得粗糙，祭祀的衣冠卻做得很華美；他住得簡陋，卻把全部力量用在溝渠水利上。禹，我對他沒有任何批評啊。」

〈解讀〉

① 間然：有空隙可以批評。菲飲食：使飲食菲。惡衣服：使衣服惡。

② 鬼神：本章三小段，前面兩段涉及鬼神與祭祀，可見古人對信仰的重視態度。孔子敘述此事時，語氣是十分肯定的，由此可見他認為信仰的價值不容忽視。但是若無「盡力乎溝洫」的為民服務，則未必合宜。

〈9・1〉

子罕言利與命與仁。

〈白話〉

孔子很少主動談起有關利益、命運與行仁的問題。

〈解讀〉

① 罕言：言是主動談起，語是與人討論。罕言不是不語〈7・21〉，所以學生請教這些問題時，孔子也會答覆。在此，罕言是很少自己去說，表示慎重之意。孔子罕言利、命與仁，表明對此三者須格外慎重。何以須慎重？因為這三者皆為世人所關懷，又由於聽者有個別差異而容易引起誤解，所以不宜作泛泛之論。

② 利：利是人之所欲，但須與義配合。義與利的分辨並不簡單，直接談利，更易使聽者誤入歧途，如「見小利則大事不成」〈13・17〉。

③ 命：命運是難以解釋的謎。重要的是，如何在面對命運時，把握自己的使命。命運與使命的分辨更是微妙，不能不慎重言之。參看〈20・3〉

④ 仁：人生正途在於擇善固執，必須依個人的處境來判斷，很難作概括的說明。此外，孔子的「仁」字統攝了人之「性、道、成」，是一個整體的、連續的、動態的人生歷程，所以最好留待學生請教時再作說明。

〈9・2〉

達巷黨人曰：「大哉孔子！博學而無所成名。」子聞之，謂門弟子曰：「吾何執？執御乎？執射乎？吾執御矣。」

達巷地區有人說：「偉大啊，孔子這個人，學問真是廣博，沒有辦法說他是哪一方面的專家。」孔子聽到這話，對學生們說：「我要以什麼做專長呢？駕車嗎？射箭嗎？我駕車好了。」

〈解讀〉

① 無所成名：這是推崇的話，否則不能冠以大哉。一般人精於一藝，孔子無所不學，使人無以名之。關於「成名」，參照〈4‧5〉，〈15‧20〉。

② 執御：孔子以具體的執御表示謙虛，也提醒人要有真才實學。

〈9‧3〉

子曰：「麻冕（ㄇㄧㄢˇ），禮也；今也純，儉，吾從眾。拜下，禮也；今拜乎上，泰也。雖違眾，吾從下。」

〈白話〉

孔子說：「大夫的禮帽以麻織成，這是禮制的規定；現在大家都戴以絲織成的，這樣比較節省人力，所以我贊同大家的做法。臣見君時，先在堂下磕頭，升堂後再磕頭，這是禮制的規定；現在大家只是升堂後再磕頭，這樣顯得不太恭順。所以，雖然與大家的做法不合，我還是贊同要先在堂下磕頭。」

〈解讀〉

① 麻冕：卿大夫階級所戴的禮帽。若為天子、諸侯或貴族，則另有製冕的布料。麻冕的製作極費工夫，浪費人力。純指黑絲。

② 拜下：先在堂下拜，升堂後再拜，共有兩次。拜上就只保留了後者。孔子遵守禮制的規定，卻可能被別人疑為「諂媚」〈3‧18〉，實亦無可奈何。泰為舒泰自在的樣子，對國君就顯得不太恭順了。

〈9‧4〉

子絕四：毋意、毋必，毋固，毋我。

〈白話〉

孔子完全沒有四種毛病，就是：他不憑空猜測，他不堅持己見，他不頑固拘泥，他不自我膨脹。

〈解讀〉

① 意：本章四毋皆針對個人而言，要化解自我中心的困境。從起心動念到狂妄自大，都是一般人常犯的毛病，值得注意。孔子有他堅持及奉行的原則或道，但並非出於私心或欲望。

〈9‧5〉

子畏於匡，曰：「文王既沒（ㄇㄛˋ），文不在茲乎？天之將喪斯文也，後死者不得與於斯文也；天之未喪斯文也，匡人其如予何？」

〈白話〉

孔子被匡城的群眾所圍困，他說：「周文王死了以後，文化傳統不都在我這裡嗎？天如果要廢棄這種文化，後代的人就不會有機會學習這種文化；天如果還不要廢棄這種文化，那麼匡人又能對我怎麼樣呢？」

〈解讀〉

① 匡：匡人曾為魯國陽貨所鎮壓，當時為陽貨駕車的是顏刻。顏刻後為孔子駕車，匡人以為是陽貨來到，意圖報仇，才發生這次圍困之事。後來澄清誤會，化險為夷。參照〈11‧23〉。畏：拘囚而有戒心。

② 文：文化傳統，包括禮樂制度與典籍文物。當時能夠博學如孔子的人已不可見，所以孔子有此自信。

③ 天：天是文化傳統（甚至國家民族）存亡的最後裁決者。這是古人的信念，而不是孔子自己的想像。參照〈7‧23〉以及〈11‧9〉解讀②。

④ 後死者：指後於孔子的人，須以孔子為中介，才有機會學習文化傳統。這種解法與前面「文不在茲乎」可以呼應。並且與「將喪斯文」指向未來的語態較為契合。

〈9‧6〉
太（ㄊㄞˋ）宰問於子貢曰：「夫子聖者與？何其多能也？」子貢曰：「固天縱之將聖，又多能也。」子聞之，曰：「大宰知我乎！吾少（ㄕㄠˋ）也賤，故多能鄙事。君子多乎哉？不多也。」

〈白話〉
大宰向子貢詢問：孔先生是一位聖人吧？他竟有這麼多才幹呢？」子貢說：「這是天要讓他成為聖人，並且具有多方面的才幹。」孔子聽到這段話時，就說：「大宰了解我啊！我年輕時貧困卑微，所以學會了一些瑣碎的技藝。做一個君子，需要具備這麼多才幹嗎？我想不需要的。」

〈解讀〉
① 大宰：可能是吳國大宰，名嚭。他以為聖人是才幹與能力過人者。
② 天：在子貢看來，天對聖人有特殊的啟示與造就。孔子的評論未談到這一點，似乎有默認之意。但是，「多能」卻是特定的環境所形成的。
③ 君子：指有德者與有位者而言，才幹比人多並不是最重要的條件。
④ 孔子年輕時曾經擔任「委吏」（管理倉庫）與「乘田」（管理牲畜）的小公務員，表現深受肯定。事見《孟子‧萬章下》。

〈9‧7〉
牢曰：「子云：『吾不試，故藝。』」

〈白話〉
牢說：「老師說過：『我沒有機會發揮抱負，所以學會了不少技藝。』」

〈解讀〉

① 牢：孔子學生，資料不詳。

② 試：從政做官，可以一試身手，如此就不會另外學習各種謀生的技藝。由此可知，孔子的多才多藝也是生活磨練的成果。

〈9‧8〉

子曰：「吾有知乎哉？無知也。有鄙夫問於我，空空如也。我叩其兩端而竭焉。」

〈白話〉

孔子說：「我什麼都懂嗎？不是這樣的。假設一個鄉下人來問我，態度誠懇而虛心；我只是就他的問題正反兩端詳細推敲，然後找到了答案。」

〈解讀〉

① 知：能夠恰當回答別人的疑問，就是知。因此，除了具備基本知識以外，更需要有推理與思考的能力。關於鄙夫，也可指「志節低陋的人」，參考〈17‧15〉。

〈9‧9〉

子曰：「鳳鳥不至，河不出圖，吾已矣夫！」

〈白話〉

孔子說：「鳳鳥不再飛來，黃河的圖像也不出現，我大概沒有指望了呀！」

〈解讀〉

① 鳳鳥：祥瑞的象徵，天下太平就會飛來。譬如，鳳鳥在舜時來儀，在周文王時鳴於岐山。這些是古代傳說。

② 河不出圖：據說伏羲氏時，黃河出現一龍，上岸化為馬，負圖在背，

則之以畫八卦，謂之河圖。

③ 吾：孔子感嘆衰世，無以得見明君，無從發揮抱負以平治天下。參照〈7‧5〉。

〈9‧10〉
子見齊（ㄗ）衰（ㄘㄨㄟ）者，冕衣裳者與瞽者，見之，雖少（ㄕㄠˋ）必作；過之必趨。

〈白話〉
孔子看見穿喪服的人，有官式禮服的人以及瞎眼的人，在會面的時候，這些人即使年齡較輕，他也一定從坐位站起來；經過他們前面時，也一定加快腳步。

〈解讀〉
① 齊衰：古代喪服，由衣服之特殊質料與設計來表達穿者服喪之心意。喪服分五等（斬衰三年、齊衰一年、大功九月、小功六月、緦麻三月）。
② 冕衣裳者：世襲爵位之人，也有年少者。
③ 必：兩個「必」字，表示惻隱與恭敬的心意。

〈9‧11〉
顏淵喟（ㄎㄨㄟˋ）然嘆曰：「仰之彌高，鑽（ㄗㄨㄢ）之彌堅，瞻之在前，忽焉在後。夫子循循然善誘人，博我以文，約我以禮，欲罷不能。既竭吾才，如有所立卓（ㄓㄨㄛˊ）爾。雖欲從之，末由也已。」

〈白話〉
顏淵贊嘆一聲，說：「越抬頭看，越覺得崇高；越深入學，越難以透澈；看起來是在前面，忽然又到後面去了。老師很能循序漸進地帶領學生；他

以文獻知識廣博我的見解，又以禮制規範約束我的行為，使我想停下來都不可能。我盡了全力之後，好像學會了立身處世的本領。但是，當我想要再進一步追隨老師，卻又找不到路可以走了。」

〈解讀〉

① 在前：與在後合用，描寫孔子神妙難測，可以兼顧前後，對生命作全方位的觀照。

② 關於「博文約禮」，參考〈6·27〉。

③ 末由：無路可循，表示面臨活潑的智慧這一關。過了這一關，就是「不惑」，也就是能權衡抉擇了。

〈9·12〉

子疾病，子路使門人為臣。病間（ㄐㄧㄢˋ），曰：「久矣哉，由之行詐也！無臣而為有臣。吾誰欺？欺天乎？且予與其死於臣之手也，無寧死於二三子之手乎？且予縱不得大葬，予死於道路乎？」

〈白話〉

孔子病得很重，子路安排學生們組織治喪處。後來病情緩和些，孔子說：「這段時日以來，由的做法太偏差了！不該有治喪的組織卻組織治喪處，我想欺瞞誰呢？難道要欺瞞天嗎？我與其在治喪的人手裡過世，不是不如在你們幾位學生的手裡過世嗎？我就算得不到隆重的葬禮，難道會死在路上沒人管嗎？」

〈解讀〉

① 為臣：專管治喪的家臣組織，原來是諸侯以上才可設置，春秋時代卿大夫也仿效了。孔子當時的身分是不能設家臣的。

② 欺天：天不可欺，表示天明察一切。這裡所說的不能以情緒語言視之。孔子能在七十歲時抵達「從心所欲不踰矩」〈2·4〉的修養，應與這種凡事不欺天的信念有關。

〈9‧13〉

子貢曰：「有美玉於斯，韞（ㄩㄣˋ）匵（ㄉㄨˊ）而藏諸，求善賈（ㄍㄨˇ）而沽諸？」子曰：「沽之哉，沽之哉，我待賈者也。」

〈白話〉

子貢說：「假設這裡有一塊美玉，那麼把它放在櫃子裡藏起來呢？還是找一位識貨的商人賣掉它呢？」孔子說：「賣掉吧，賣掉吧，我是在等待好商人呢。」

〈解讀〉

① 善賈：好商人或識貨的商人，在此指有眼光的政治領袖。

② 沽之：孔子希望得君行道，可以濟助天下百姓。

③ 孔子希望有機會實現他的抱負。參看〈17‧5〉、〈17‧7〉。

〈9‧14〉

子欲居九夷。或曰：「陋，如之何？」子曰：「君子居之，何陋之有？」

〈白話〉

孔子想到九夷生活的地方去住。有人說：「那種地方很簡陋，怎麼能住呢？」孔子說：「君子去住的話，怎麼會簡陋呢？」

〈解讀〉

① 九夷：淮夷，在齊、魯南方，是較偏遠落後的地區。參照〈5‧6〉。

② 君子：歷史上有箕子遠赴朝鮮，眼前則有孔子自認為可以化民成俗。

〈9‧15〉

子曰：「吾自衛反魯，然後樂正，雅頌各得其所。」

〈白話〉

孔子說：「我從衛國回到魯國，然後可以改正用樂的錯誤，使雅與頌各有適當的安排。」

〈解讀〉

① 反魯：時間在魯哀公十一年，孔子六十八歲。這是他整理詩書與修訂禮樂之後的心得。

② 樂正：配合詩體（如雅與頌），依其篇章用於不同場合，並且樂音也須隨之調整，以免流於俗陋。

〈9‧16〉

子曰：「出則事公卿，入則事父兄，喪事不敢不勉，不為酒困，何有於我哉？」

〈白話〉

孔子說：「在外服侍有公卿身分的人，回家侍奉長輩親人，為人承辦喪事不敢不盡力而為，不因為喝酒而造成任何困擾；做到這四件事，其他一切與我有何關係呢？」

〈解讀〉

① 公卿：古代公卿退休之後，回到鄉里從事教育工作者。因此一般人在日常生活中也可能遇到他們。本章所提的四件事都是極其常見的，正是孔子落實觀念的地方。

② 「喪事不敢不勉」一語，顯示孔子曾以助喪為業，參照〈7‧9〉。至於「不為酒困」，可參考〈10‧8〉。

③ 何有於我哉：請參看〈7‧2〉解讀之充分討論。

〈9‧17〉

子在川上，曰：「逝者如斯夫，不舍（ㄕㄜˇ）晝夜。」

〈白話〉

孔子站在河邊，說：「消逝的一切就像這樣啊，白天黑夜都不停息。」

〈解讀〉

① 逝者：指時光，也指時光中的事件，而人的生命當然也在裡面。既然如此，怎能不珍惜時光！希臘哲學家赫拉克利圖（約624-546B.C.）說：「濯足長流，舉足復入，已非前水！」強調萬物流轉生滅，無一時或息。我們也該把握生命中的每一剎那。

〈9‧18〉

子曰：「吾未見好（ㄏㄠˋ）德如好色者也。」

〈白話〉

孔子說：「我不曾見過愛好德行像愛好美色的人。」

〈解讀〉

① 未見：這是孔子個人觀察的結果，其中也顯示了他的感嘆與期許。
② 好德：好德必須以實踐修身來配合，好色則放縱本能欲望即可，兩者之難易不可以道里計。但是在孔子的學說中，好德出於向善的天性，只是一般人未能覺察而已。他的教育目標就由這裡開始。此章在〈15‧13〉再次出現。

〈9‧19〉

子曰：「譬如為山，未成一簣（ㄎㄨㄟˋ），止，吾止也。譬如平地，雖覆一簣，進，吾往也。」

〈白話〉

孔子說：「譬如堆土成山，只要再加一筐土就成功了，如果停下來，那是我自己停下來的。譬如在平地上，即使才倒了一筐土，如果繼續做，那也是我自己向前進的。」

〈解讀〉

① 譬如：智者都能善用比喻，使學生了解深刻的道理。本章重點在於強調自我的意願與責任，並且顯示剛健進取的人生態度。

〈9‧20〉

子曰：「語（ㄩˋ）之而不惰者，其回也與！」

〈白話〉

孔子說：「與他談話而從不顯得懈怠的，大概就是回吧！」

〈解讀〉

① 不惰：孔子講得有道理，學生才能不懈怠。本章說明顏淵不但專心聽講，也能領悟道理，並且還在平日努力實踐，才能長期如此不懈。參照〈9‧21〉。

〈9‧21〉

子謂顏淵，曰：「惜乎！吾見其進也，未見其止也。」

〈白話〉

孔子談到顏淵時，說：「可惜他已經死了！我只看到他不斷地進步，沒有

見到他停下來。」

〈解讀〉

① 惜：孔子感嘆顏淵「不幸短命死矣」〈6‧3〉。如果顏淵還活著，成就將不可限量。參照〈9‧20〉。

〈9‧22〉

子曰：「苗而不秀者有矣夫！秀而不實者有矣夫！」

〈白話〉

孔子說：「穀子生長了卻不開花的，有這樣的情形啊！開花了卻不結實的，也有這樣的情形啊！」

〈解讀〉

① 秀：禾類植物開花抽穗。本章的比喻，可能是感嘆顏淵早死。不過，如果用來描述修養必須堅持到底，才能開花結果，也很恰當。擇善若不能固執，終究令人惋惜。

〈9‧23〉

子曰：「後生可畏，焉知來者之不如今也？四十、五十而無聞焉，斯亦不足畏也已。」

〈白話〉

孔子說：「年輕人是值得敬重的，怎麼知道他們將來會比不上現在的人呢？不過，到了四十歲或五十歲還沒有什麼好的名望，也就不值得敬重了。」

〈解讀〉

① 畏：在此指敬重、不可低估而言。年輕人若肯努力，前途不可限量。

② 聞：名望為人所知。古代資訊不發達，名望得來不易。今天的情況不同，因此要譯為「好的名望」。

〈9‧24〉

子曰：「法語之言，能無從乎？改之為貴。巽（ㄒㄩㄣˋ）與之言，能無說（ㄩㄝˋ）乎？繹（一ˋ）之為貴。說而不繹，從而不改，吾末如之何也已矣。」

〈白話〉

孔子說：「聽到義正詞嚴的話，能不接受嗎？但是要改正過錯才可貴。聽到委婉順耳的話，能不高興嗎？但是要想通含意才可貴。光是高興而不加思索，表面接受而實際不改，我對這樣的人是沒有什麼辦法的。」

〈解讀〉

① 末：沒有辦法的原因是：知過不改要比不知過更麻煩，面對此種情況，孔子也束手無策。參照〈15‧16〉。

〈9‧25〉

子曰：「主忠信，毋友不如己者，過則勿憚改。」

〈白話〉

孔子說：「以忠信為做人處事的原則，不與志趣不相似的人交往。有了過錯不怕去改正。」

〈解讀〉

① 毋：無也。本章已見於〈1‧8〉後半段。

〈9‧26〉

子曰：「三軍可奪帥也，匹夫不可奪志也。」

〈白話〉

孔子說：「軍隊的統帥可能被劫走，一個平凡人的志向卻不能被改變。」

〈解讀〉

① 三軍：周朝時，大國諸侯擁有三軍（不是今日的陸、海、空軍）。亦見〈7‧11〉。

② 匹夫：古代一般百姓為一夫一妻，兩相匹配，稱為匹夫匹婦。匹夫的志向由自己負責，所以可以堅持不改，至死不渝。

③ 「帥」在外而「志」在內，人所能把握的是志。

〈9‧27〉

子曰：「衣敝縕（ㄩㄣˋ）袍與衣狐貉（ㄏㄜˊ）者立，而不恥者，其由也與？『不忮（ㄓˋ）不求，何用不臧（ㄗㄤ）？』」子路終身頌之。子曰：「是道也，何足以臧？」

〈白話〉

孔子說：「穿著破舊的綿袍，與穿著狐貉皮裘的人站在一起，而不覺得慚愧的，大概就是由吧？《詩經》上說：『不嫉妒，不貪求，怎麼會不好？』」子路聽了，就經常唸著這句詩。孔子說：「這樣固然是正途，但是還不夠好啊！」

〈解讀〉

① 不忮：引文見《詩‧衛風‧雄雉》。

② 臧：善。不以小善為已足，必須日進其德。參考子路之志〈5‧25〉。

③ 孔子對子路的肯定，以「其由也與」來表達的還有〈5‧6〉、〈12‧12〉。

〈9‧28〉

子曰：「歲寒，然後知松柏之後彫也。」

〈白話〉

孔子說：「天氣真正冷了，才會發現松樹與柏樹是最後凋零的。」

〈解讀〉

① 寒：比喻考驗之嚴酷，可以分辨君子與小人。參考〈15‧2〉。

〈9‧29〉

子曰：「知（ㄓˋ）者不惑，仁者不憂，勇者不懼。」

〈白話〉

孔子說：「明智的人沒有困惑，行仁的人沒有憂慮，勇敢的人沒有畏懼。」

〈解讀〉

① 這三者可能並存於一人身上，所以要由其表現（不惑等）來判斷。參考〈14‧28〉。

〈9‧30〉

子曰：「可與共學，未可與適道；可與適道，未可與立；可與立，未可與權。」

〈白話〉

孔子說：「可以一起學習的人，未必可以一起走上人生正途；可以一起走上人生正途的人，未必可以一起立身處世；可以一起立身處世的人，未必可以一起權衡是非。」

〈解讀〉

① 共學、適道、立、權：代表學習的四個階段。所學的是做人處事的道理；道是人生正途，必須步步前行。立是可以立身處世；權是最難的，如孔子的「無可無不可」〈18‧8〉。並且，自己權衡又異於與人一起權衡，這樣的人自然不易得。

〈9‧31〉

「唐棣（ㄉㄧˋ）之華，偏其反而。豈不爾思？室是遠而。」子曰：「未之思也，夫何遠之有？」

〈白話〉

「康棣樹的花，翩翩搖擺而各自方向相反，我怎麼不思念你呢？只是住處太遠了啊！」孔子說：「只是沒有真去思念而已，事實上，怎麼會遙遠呢？」

〈解讀〉

① 康棣：這種樹的花朵，同在一莖上卻方向相反。正如二人本在一處而背對背，以致感覺遙不可及。詩人以此寄意，顯示浪漫的情懷。孔子的話可以理解為就事論事，因為如果真的想清楚，就知道花朵本在一處；本章也可以理解為：人與道（人生正途）並不遙遠，只要真去想，立刻就可以把握住。此處所引可能是逸詩。參考〈7‧30〉。

〈10‧1〉
孔子於鄉黨，恂（ㄒㄩㄣˊ）恂如也，似不能言者。其在宗廟朝廷，
便（ㄆㄧㄢˊ）便言，唯謹爾。

〈白話〉
孔子在鄉里之間，溫和而恭順的樣子，像是不太會說話的人。他在宗廟
裡、朝廷上，說話明白流暢，但是很有分寸。

〈解讀〉
① 鄉：一萬二千五百家，黨：五百家。
② 似：這是從觀察者眼中所的孔子。孔子在鄉里之間，不願誇耀自己的
　 本領，沒有必要就不多說。在公務場合，則謹守分寸。

〈10‧2〉
朝，與下大夫言，侃（ㄎㄢˇ）侃如也；與上大夫言，誾（ㄧㄣˊ）誾如
也。君在，踧（ㄘㄨㄟ）踖（ㄐㄧˊ）如也，與（ㄩˊ）與如也。

〈白話〉
上朝時，與下大夫說話，溫和而愉快的樣子；與上大夫說話，正直而坦誠
的樣子；國君臨朝時，恭敬而警惕的樣子，穩重而安詳的樣子。

〈解讀〉
① 朝：孔子在朝廷上的態度以爵位為依歸，這是禮的教育成果。

〈10‧3〉

君召使擯（ㄅㄧㄣˋ），色勃如也，足躩（ㄐㄩㄝˊ）如也。揖（一）所
與立，左右手，衣前後，襜（ㄔㄢ）如也。趨進，翼如也。賓退，必
復命曰：「賓不顧矣。」

〈白話〉

國君召令孔子接待外國貴賓時，他臉色顯得矜持莊重，腳步隨之加快。他
向同朝官員作揖，向左邊拱手，再向右邊拱手，衣裳隨之一前一後，看來
整齊而俐落。他快步前進的時候，衣袂飄起，好像鳥兒舒展翅膀。貴賓辭
別後，他一定回來向國君報告說：「客人已經走遠了。」

〈解讀〉

① 擯：古代稱接引賓客的人為擯。召：特別召命他為上擯（另外有承擯
　　與末擯）。這本來是由卿負責的事，因為孔子知禮，所以有此任命。
　　這是魯定公十年以後，孔子五十二歲至五十五歲之間從政時期的資
　　料。

〈10‧4〉

入公門，鞠躬如也，如不容。立不中門，行不履閾（ㄩˋ）。過位，
色勃如也，足躩如也，其言似不足者。攝齊（ㄗ）升堂，鞠躬如
也，屏氣似不息者。出，降一等，逞顏色，怡怡如也。沒階，趨
進，翼如也。復其位，踧踖如也。

〈白話〉

孔子走進朝廷大門時，謹慎而敬畏的樣子，好像沒有容身之處。站，不站
在門中間；走，不踩在門檻上。經過國君平日的坐位前，臉色顯得矜持莊
重，腳步隨之加快，說話也輕得聽不清楚。提起衣擺向堂上走時，謹慎而
敬畏的樣子，屏著氣好像不呼吸一樣。退出堂時，走下一級台階，臉色才
放輕鬆，顯得自在而愉快。下了台階，快步前進時，衣袂飄起，好像鳥兒

舒展翅膀。回到自己的位置時，又顯得恭敬而警惕的樣子。

〈解讀〉

① 鞠躬：古代讀為「鞠窮」，形容敬畏謹慎的樣子。

② 齊：衣裳的下襬。

〈10‧5〉

執圭，鞠躬如也，如不勝（ㄕㄥ）。上如揖，下如授。勃如戰色，足
蹜（ㄙㄨˋ）蹜如有循。享禮，有容色。私覿（ㄉㄧˊ），愉愉如也。

〈白話〉

孔子出使外國，舉行典禮時，手捧著圭，謹慎而敬畏的樣子，好像力量不
夠似的。向上拿，好像在作揖，向下拿，好像要給人。臉色矜持而警覺，
腳步緊湊而拘謹。獻禮物時，顯得雍容大方。私下與外國君臣會面時，顯
得和悅自在。

〈解讀〉

① 圭：玉器。出使外國，執此為代表諸侯的信物。古代出使之禮，稱為
聘問禮。

② 享禮：古代出使外國，初到所聘問的國家，便行聘問禮。聘問之後，
便行享禮。享禮是使臣向朝聘國君主進獻禮物的儀式。

〈10‧6〉

君子不以紺（ㄍㄢˋ）緅（ㄗㄡ）飾，紅紫不以為褻（ㄒㄧㄝˋ）服。當
暑，袗（ㄓㄣˇ）絺（ㄔ）綌（ㄒㄧˋ），必表而出之。緇（ㄗ）衣，羔
裘；素衣，麑（ㄋㄧˊ）裘；黃衣，狐裘。褻裘長，短右袂。必有寢
衣，長一身有半。狐貉之厚以居。去喪，無所不佩。非帷裳，必殺
（ㄕㄞˋ）之。羔裘玄冠不以弔。吉月，必朝服而朝。

〈白話〉

君子不用天青色與鐵灰色作衣服的鑲邊，平常居家的衣服則不用淺紅色與紫色。夏天時，穿著細的或粗的葛布單衣，出門一定加一件上衣。穿黑色禮服時，上衣配的是黑色的羔裘；白色禮服配白色的麑裘；黃色禮服配黃色的狐裘。居家所穿的皮裘上衣比一般穿的要長些，但袖子要做得短些。睡覺時一定要蓋比身長多一半的被子。座位上鋪著厚的狐貉皮。服喪期滿之後，沒有什麼不可以佩戴在身。平常穿的裙子，如果摺疊太多層，一定要裁去一些布。不穿戴黑色的羔裘與黑色的禮帽去弔喪。正月初一，一定穿著正式的朝服去朝賀。

〈解讀〉

① 羔裘：黑色小羊皮所製成的皮襖。麑為小鹿，狐為狐狸。

② 短右袂：古代有以「右」兼指左右手的說法，所以是指兩個袖子，而非一長一短。這是相對於褻裘長而說的。

〈10‧7〉

齊（ㄓㄞ），必有明衣，布。齊必變食，居必遷坐。

〈白話〉

齋戒前，沐浴一定有浴衣，用布做的。齋戒時，一定改變平日的飲食，居住也一定換個房間。

〈解讀〉

① 明衣：古人在齋戒期間沐浴後所穿的乾淨內衣。

② 變食：改變平日飲食的內容，以簡單、潔淨、使人寡欲為主。

③ 遷坐：不住平日所居較舒適的臥房。

〈10‧8〉

食不厭精，膾（ㄎㄨㄞˋ）不厭細。食饐（一ˋ）而餲（ㄞˋ），魚餒而肉敗，不食。色惡，不食。臭（ㄒㄧㄡˋ）惡，不食。失飪（ㄖㄣˋ），不食。不時，不食。割不正，不食。不得其醬，不食。肉雖多，不使勝食氣。唯酒無量，不及亂。沽酒市脯（ㄈㄨˇ），不食。不撤薑食，不多食。

〈白話〉

食物不以做得精緻為滿足，肉類也不以切得細巧為滿足。食物放久變了味道，魚與肉腐爛了，都不吃。顏色難看的，不吃；味道難聞的，不吃；烹調不當的，不吃；季節不對的菜，不吃。切割方式不對的肉，不吃。沒有相配的調味料，不吃。即使吃的肉較多，也不超過所吃的飯量。只有喝酒不規定分量，但是從不喝醉。買來的酒與肉乾，不吃。薑不隨著食物撤走，但不多吃。

〈解讀〉

① 厭：同饜，滿足之意。對食物的精粗並不挑剔，但須留意孔子所說的「不食」。

② 沽：買來的酒與乾肉不吃。《漢書‧食貨志》說：「《論語》孔子當周衰亂，酒酤在民，薄惡不誠，是以疑而弗食。」當時百姓所釀之酒頗有問題。這是考慮到衛生與健康。

〈10‧9〉

祭於公，不宿肉。祭肉不出三日。出三日，不食之矣。

〈白話〉

參與國家祭祀典禮之後，帶回來的祭肉不留到第二天。一般的祭肉保存不超過三天。超過三天的，就不吃了。

〈解讀〉

① 祭於公：大夫與士在助君祭祀時，自己須帶一份祭肉，兩天典禮結束後再分配一些國家的祭肉。自己帶的祭肉帶回家之後，一天也不能再多放了。

〈10·10〉

食不語，寢不言。

〈白話〉

吃飯時不討論，睡覺時不說話。

〈解讀〉

① 語：交談、討論。也許會影響食欲及消化。
② 言：表示意見。說話可能許使心思複雜而無法入夢。

〈10·11〉

雖疏食菜羹，必祭，必齊（ㄓㄞ）如也。

〈白話〉

即使吃的是粗飯與菜湯，也一定要祭拜，態度一定恭敬而虔誠。

〈解讀〉

① 祭：取出一點食物，放於食器之間。祭最初發明熟食的人，表示不忘本。每日如此，其人心靈之深邃與虔敬可以想見。參考〈3·12〉。

〈10‧12〉

席不正，不坐。

〈白話〉

席子沒有放正，不坐下。

〈解讀〉

① 席：正席然後就坐，也是禮。這樣的小地方也要一絲不苟。也有說
　「不正」是不依長幼尊卑之序。

〈10‧13〉

鄉人飲酒，杖者出，斯出矣。

〈白話〉

與鄉里的人一起聚會飲酒，要等年長的人都離席了，才走出去。

〈解讀〉

① 鄉飲酒：為古禮之一，有四種情況：一、三年賓賢能；二、鄉大夫宴
　國中賢者；三、州長習射飲酒；四、黨正腊（ㄒㄧˋ）祭飲酒。現在已
　經無法想像鄉里的人有這一類活動了。

② 杖者：古代的人到了六十歲，可以在鄉里扶杖而行，表示年長之意，
　可以得到應有的尊敬。

〈10‧14〉

鄉人儺（ㄋㄨㄛˊ），朝（ㄔㄠˊ）服而立於阼（ㄗㄨㄛˋ）階。

〈白話〉

鄉里的人舉行驅逐疫鬼的儀式時，他穿著正式朝服站在東邊的台階上。

〈解讀〉

① 儺：民俗信仰的儀式，用以驅逐疫鬼。

② 阼階：東邊的台階。古代房子若坐北朝南，進門台階在東西兩方。站在東階，表示自己是主人，對鄉人的儀式雖不參與，但態度尊重。

〈10．15〉

問人於他邦，再拜而送之。

〈白話〉

託人向國外的朋友問候送禮時，對所託之人兩次作揖才辭別。

〈解讀〉

① 再拜：兩次作揖，表示感謝，也表示向國外友人的敬意。

〈10．16〉

康子饋藥，拜而受之。曰：「丘未達，不敢嘗。」

〈白話〉

季康子派人送藥來；孔子作揖接受。他後來說：「我不清楚這種藥的藥性，不敢服用。」

〈解讀〉

① 達：了解藥性才服用，表示謹慎。有人認為孔子深通醫理，即是由此得出的結論。參考〈6．10〉。

〈10‧17〉

廄（ㄐㄧㄡˋ）焚。子退朝，曰：「傷人乎？」不問馬。

〈白話〉

家裡馬棚失火燒了。孔子從朝廷回來，說：「有人受傷嗎？」沒有問到馬。

〈解讀〉

① 傷人乎：馬棚燒了，可能受傷的是車夫、馬夫、工人等身分較卑微者，而孔子並無階級意識，只是以平等態度來關懷所有的人。至於馬，在古代屬於財物，顯然不能與人相提並論。孔子的人道精神，躍然紙上。

〈10‧18〉

君賜食，必正席先嘗之。君賜腥，必熟而薦之。君賜生，必畜（ㄒㄩˋ）之。侍食於君，君祭，先飯。

〈白話〉

國君賞賜煮熟的食物，孔子一定端坐好，先吃一些。國君賞賜生肉，他一定煮熟之後，先向祖先進奉。國君賞賜活的生物，他一定先養著。陪同國君進食，在國君飯前行祭時，他先吃。

〈解讀〉

① 先飯：先為國君嘗食物，不敢自居為客人，表示尊敬之意。

〈10‧19〉

疾，君視之，東首，加朝服，拖紳。

〈白話〉

孔子生病時，國君來探望，他改臥在面朝東的方向，身上加蓋正式的朝服，還拖著大腰帶。

〈解讀〉

① 東首：國君在其國內自視為主人，從東階入門，所以孔子須面向東來迎接。

〈10‧20〉

君命召，不俟（ㄙˋ）駕行矣。

〈白話〉

國君有命傳召，他不等車駕準備好，就立刻前往。

〈解讀〉

① 行：立即動身，可以節省時間，更表示敬慎之意。

〈10‧21〉

入大（ㄊㄞˋ）廟，每事問。

〈白話〉

孔子進入周公廟，對每一項禮器與擺設都要發問。

〈解讀〉

① 本章已見於〈3‧15〉。

〈10‧22〉

朋友死，無所歸，曰：「於我殯（ㄅㄧㄣˋ）。」

〈白話〉

遇到朋友過世而沒人料理後事，孔子就說：「我來負責喪葬。」

〈解讀〉

① 孔子的做為表現深情厚誼，因為朋友必然是家道中落或子孫不肖才會
無人料理後事。雪中送炭又一例也。孔子費時費力費錢，只為成全情
義。

〈10‧23〉

朋友之饋，雖車馬，非祭肉，不拜。

〈白話〉

朋友送的禮，即使是車與馬，只要不是祭肉，孔子也不作揖拜謝。

〈解讀〉

① 拜：祭肉則拜，表示尊重朋友的祖先。至於車馬，雖然貴重，如合乎
情義，收之可也

〈10‧24〉

寢不尸（ㄕ），居不客。

〈白話〉

睡覺的姿勢不拘謹僵臥，平時也不像作客那樣跪坐著。

〈解讀〉

① 尸：古代祭祀時，以小孩代替祖先坐在台上，稱為尸，必須保持端正

的姿勢。這裡指姿勢拘謹僵臥。

〈10‧25〉
見齊（ㄗ）衰（ㄘㄨㄟ）者，雖狎（ㄒㄧㄚˊ）必變。見冕者與瞽者，雖褻必以貌。凶服者式之，式負版者。有盛饌，必變色而作。迅雷風烈必變。

〈白話〉
孔子看見穿孝服的人，雖是平日熟識的，也一定改變態度。看見戴禮帽的與瞎眼的，雖然常常碰面，也一定顯出關切的神色。坐在車上時，看見穿喪服的，即使是販夫走卒，他也身向前傾，手扶橫木，以示心意。作客時，有特別豐盛的菜肴，一定端正神色，站起來向主人致意。遇到急雷狂風，一定改變態度。

〈解讀〉
① 朱熹注解本章最後一語時，說：「必變者，所以敬天之怒。」但是，他在注解孔子說「獲罪於天，無所禱也」時〈3‧13〉。卻說：「天，即理也。」由此可見朱氏之注解顯然未洽。

〈10‧26〉
升車，必正立，執綏。車中，不內顧，不疾言，不親指。

〈白話〉
上車時，一定端正站好，再抓住扶手帶跨上去。在車中，不向內回顧，不急速說話，不用手指點。

〈解讀〉
① 內顧：東張西望的樣子。這三個「不」都是防止不禮貌、不恰當的表現。

〈10‧27〉

色斯舉矣，翔而後集。曰：「山梁雌雉，時哉時哉！」子路共（《ㄨㄥˇ）之，三嗅（ㄒㄩˋ）而作。

〈白話〉

人的臉色稍有變化，山雞就飛起來，在空中盤旋之後再聚在一起。孔子說：「山嶺上的這些母山雞啊，懂得時宜，懂得時宜！」子路向牠們拱拱手，牠們振幾下翅膀又飛走了。

〈解讀〉

① 時哉：懂得時宜，意指山雞看到情況不對，立即飛走。人也應該依時機而行動。

② 山梁：山嶺。共：拱。嗅：鳥振翅的樣子。

〈11‧1〉

子曰：「先進於禮樂，野人也；後進於禮樂，君子也。如用之，則吾從先進。」

〈白話〉

孔子說：「先學習禮樂再得到官位的，是純樸的一般人；先得到官位再學習禮樂的，是卿大夫的子弟。如果要選用人才，我主張選用先學習再做官的人。」

〈解讀〉

① 先進：與野人相提並論，表示由質樸再加教化。後進則是先有官位的貴族子弟，未必保存質樸的性格，能否學好禮樂亦成問題。

〈11‧2〉

子曰：「從我於陳蔡者，皆不及門也。」

〈白話〉

孔子說：「跟隨我在陳國、蔡國之間的學生，與這兩國的君臣都沒有什麼交往。」

〈解讀〉

① 不及門：沒有交往則不得其門而入，所以飽經憂患。孟子說：「君子之阨於陳蔡之間，無上下之交也。」（《孟子‧盡心下》）當時是魯哀公六年，孔子六十三歲，周遊列國時受困於陳、蔡之間，絕糧多日，弟子生病，情況淒慘。後來楚昭王出兵相助，才化解了危機。參考〈15‧2〉。

〈11‧3〉

德行：顏淵、閔子騫、冉伯牛、仲弓。言語：宰我、子貢。政事：冉有、季路。文學：子游、子夏。

〈白話〉

德行優良者：顏淵、閔子騫、冉伯牛、仲弓。言語傑出者：宰我、子貢。長於政事者：冉有、子路。熟悉文獻者：子游、子夏。

〈解讀〉

① 德行：四科十哲以德行為首，可見孔子教學主旨。四科由上而下，有優先性與涵蓋性，其次才是各有所長。

② 閔子騫：閔損，字子騫，魯國人，小孔子十五歲。

③ 言語：思想通達，見解過人，才可精於言語。可惜，孔門的這一科在後代未受重視。

〈11‧4〉

子曰：「回也，非助我者也，於吾言無所不說（ㄩㄝˋ）。」

〈白話〉

孔子說：「回啊，不是幫助我的人，他對我所說的話沒有不滿意的。」

〈解讀〉

① 助：老師希望學生提問，以便教學相長。但是，本章所論的顏淵，卻是智慧極高又勤於實踐的學生，對孔子的學說可默識心通，沒有疑問。參考〈2‧9〉。

〈11‧5〉

子曰：「孝哉閔子騫！人不間（ㄐㄧㄢˋ）於其父母昆弟之言。」

〈白話〉

孔子說：「閔子騫真是孝順啊！別人都不質疑他父母兄弟稱讚他的話。」

〈解讀〉

① 間：有不同意見或質疑。閔子騫列名於「德行科」〈11‧3〉。參考
〈6‧9〉、〈11‧13〉、〈11‧14〉。

〈11‧6〉

南容三復《白圭》。孔子以其兄之子妻（ㄑㄧˋ）之。

〈白話〉

南容一再頌讀《白圭》之詩。孔子把哥哥的女兒嫁給他。

〈解讀〉

① 《白圭》：見於《詩‧大雅‧抑》，內容是：「白圭之玷，尚可磨
也；斯言之玷，不可為也。」意思是：「白玉有瑕疵，還可以磨掉；
說話有瑕疵，就沒有辦法補救了。由此可知他謹言慎行，可保安樂，
所以孔子把姪女嫁給他。參考〈5‧1〉、〈14‧5〉。

〈11‧7〉

季康子問：「弟子孰為好學？」孔子對曰：「有顏回者好學，不幸
短命死矣。今也則亡（ㄨˊ）。」

〈白話〉

季康子問說：「你的學生裡面，誰是愛好學習的？」孔子回答說：「有一
個叫顏回的愛好學習。遺憾的是，他年歲不大，已經死了。現在沒有這樣
的學生了。」

〈解讀〉

① 本章內容亦見於〈6·3〉，魯哀公問時，孔子回答較詳。

〈11·8〉

顏淵死，顏路請子之車（ㄐㄩ）以為之椁（ㄍㄨㄛˇ）。子曰：「才不才，亦各言其子也。鯉也死，有棺而無椁。吾不徒行，以為之椁。以吾從大夫之後，不可徒行也。」

〈白話〉

顏淵死了，顏路向孔子借車來做運棺的禮車。孔子說：「不管有沒有才能，說起來總是自己的兒子。孔鯉死時，也是只有棺而沒有禮車。我並未自己步行而把車當禮車。因為我曾擔任大夫，依禮是不可以步行送葬的。」

〈解讀〉

① 顏路：顏淵的父親，名無繇，字路，小孔子六歲，也是孔子學生。
② 椁：出殯時的禮車。從「以為之椁」與「不可徒行」二語，可知顏路向孔子借車是為了運棺，而不是一般所說的「內棺外椁」。孔鯉與顏淵的身分都是士，依禮出殯不得用禮車。顏淵死時，孔子七十一歲。前一年，孔鯉已過世了。

〈11·9〉

顏淵死。子曰：「噫！天喪予！天喪予！」

〈白話〉

顏淵死了。孔子說：「噫！天亡我也，天亡我也。」

〈解讀〉

① 天：天命與人意相違時，孔子無可奈何，只能感嘆。這種情緒的背

後，乃是深刻的信仰，即使不了解天命，也安心接受。

② 「天」是孔子信仰的對象。孔子認為：人應該「知天命」〈2‧4〉與「畏天命」〈16‧8〉，得罪了天就無處可以禱告〈3‧13〉，不可欺天〈9‧12〉，否則「天厭之」〈6‧28〉。他還認為：只有天了解他〈14‧35〉，他不反對別人說「天將以夫子為木鐸」〈3‧24〉，他自己則相信「天生德於予」〈7‧23〉，以及「天之未喪斯文也，匡人其如予何！」〈9‧5〉。因此之故，在顏淵死時，他才會感嘆「天喪予！」

〈11‧10〉
顏淵死，子哭之慟（ㄊㄨㄥˋ）。從（ㄗㄨㄥˋ）者曰：「子慟矣！」曰：「有慟乎？非夫（ㄈㄨˊ）人之為慟而誰為？」

〈白話〉
顏淵死了，孔子哭得非常傷心。跟隨在旁的學生說：「老師過度傷心了！」孔子說：「我有過度傷心嗎？我不為這樣的人過度傷心，又要為誰過度傷心呢？」

〈解讀〉
① 慟：傷心過度。為顏淵而慟，也為自己的理想無法傳承，為天下少了聖賢之才而慟。

〈11‧11〉
顏淵死，門人欲厚葬之。子曰：「不可。」門人厚葬之。子曰：「回也，視予猶父也，予不得視猶子也。非我也，夫（ㄈㄨˊ）二三子也。」

〈白話〉
顏淵死了，同學們想要舉行隆重的葬禮。孔子說：「這樣不可以。」同學

們還是舉行了隆重的葬禮。孔子說：「回啊！你把我看做像父親一樣，我卻不能把你看做像兒子一樣。這件不合禮的事不是我的主意，是你的同學們做的啊！」

〈解讀〉
① 厚葬：家貧不應厚葬，否則就有違禮之嫌。
② 猶父：古代師生如父子，孔子與顏淵是典型的例子。孔子的意思是：如果視顏回如子，就不會違禮厚葬。

〈11‧12〉
季路問事鬼神。子曰：「未能事人，焉能事鬼？」曰：「敢問死？」曰：「未知生，焉知死？」

〈白話〉
子路請教如何服侍鬼神。孔子說：「沒有辦法服侍活人，怎麼有辦法服侍死人？」子路又問：「膽敢請教死是怎麼回事？」孔子說：「沒有了解生的道理，怎麼會了解死的道理？」

〈解讀〉
① 鬼神：包括天神、地祇、人鬼等超自然的存在或力量。人應如何與祂們保持適當關係？子路的問題非常重要，而孔子的回答舉重若輕，推源於當下的人類世界，因為沒有人類，一切皆不必談。孔子對鬼神的理解，參考〈2‧24〉、〈6‧22〉。
② 死：孔子所知之死，是與生不可分的。只有知道如何生與為何生，才能明白死的意義。離生而言死，只是誕妄；離死而言生，只是愚蒙。《論語》中，「生」字出現十六次，「死」字出現三十八次，所以我們不必認為孔子不知死的道理。

〈11‧13〉

閔子侍側，誾（一ㄣˊ）誾如也；子路，行（厂尢ˋ）行如也；冉有、子貢，侃（ㄎㄢˇ）侃如也。子樂。曰：「若由也，不得其死然。」

〈白話〉

閔子騫站在孔子旁邊，看來正直的樣子；子路，看來剛強的樣子；冉有與子貢，看來和悅的樣子。孔子很高興。稍後又說：「像由這樣，恐怕將來不得善終。」

〈解讀〉

① 由：子路剛強又好勇，在亂世中恐怕難以免禍，所以孔子為他擔心。子路後來捲入衛國父子爭位的亂局，不幸遇害。時年孔子七十二歲。

〈11‧14〉

魯人為長府。閔子騫曰：「仍舊貫，如之何？何必改作？」子曰：「夫（ㄈㄨˊ）人不言，言必有中（ㄓㄨㄥˋ）。」

〈白話〉

魯國官員準備擴建叫長府的國庫。閔子騫說：「照著原來的規模有什麼不可以呢？為什麼一定要重新擴建？」孔子說：「這個人平常不說話，一說話就很中肯。」

〈解讀〉

① 長府：魯國國庫，內有財貨兵械。背景是魯昭公與三家之間的權力爭奪。閔子騫認為擴建國庫不但勞民傷財，而且將帶來動亂。

〈11‧15〉

子曰:「由之瑟,奚為於丘之門,門人不敬子路。子曰:「由也升堂矣,未入於室也。」

〈白話〉

孔子說:「由所彈的這種瑟聲,怎麼會出現在我的門下呢?」其他的學生聽了這話就不尊重子路。孔子說:「由的修養已經登上大廳,還沒有進入深奧的內室而已。」

〈解讀〉

① 瑟:古代樂器,常以琴瑟並稱。《孔子家語》中說:「子路鼓瑟,有北鄙殺伐之聲,蓋其氣質剛勇而不足於中和。」可供參考。

② 堂:正廳,再走進去則是內室,表示抵達最高境界。意思是子路已經不錯了。依此標準,大概只有顏淵是「入室弟子」。

〈11‧16〉

子貢問:「師與商也孰賢?」子曰:「師也過,商也不及。」曰:「然則師愈與?」子曰:「過猶不及。」

〈白話〉

子貢請教:「師與商兩個人,誰比較傑出?」孔子說:「師的言行過於急進,商則稍嫌不足。」子貢說:「那麼,師要好一些嗎?」孔子說:「過度與不足同樣不好。」

〈解讀〉

① 師:顓孫師,字子張,參考〈19‧16〉。商:卜商,字子夏,參考〈6‧13〉。

② 過:由個性而有過與不及,都需要向中間修正。人有時一生皆受制於性格而莫可奈何。此二人之對比,參看〈19‧3〉。

〈11‧17〉

季氏富於周公，而求也為之聚斂而附益之。子曰：「非吾徒也。小子鳴鼓而攻之可也。」

〈白話〉

季氏的財富超過魯君，而冉求還為他聚集收斂，更增加了他的財富。孔子說：「冉求不是我的同道，同學們可以敲著大鼓去批判他。」

〈解讀〉

① 周公：指周公後代的魯君。當時魯國由魯君與三家分而有之，而季氏獨大，又增加田賦，冉求就是忠於季氏而忽略大義的人。孔子對他的失望，溢於言表。

〈11‧18〉

柴也愚，參也魯，師也辟（ㄆㄧˋ），由也喭（ㄧㄢˋ）。

〈白話〉

柴生性愚笨，參生性遲鈍，師生性偏激，由生性鹵莽。

〈解讀〉

① 柴：高柴，字子羔，孔子學生，小孔子三十歲。本章所論四位學生（高柴、曾參、子張、子路）皆指其生性而言，側重天生的氣質與性格。所謂「因材施教」，正是由此開始。孔子的學生原來也是平凡人，但是受過教育之後，使人刮目相看。

〈11‧19〉

子曰:「回也其庶乎,屢空。賜不受命而貨殖焉,億則屢中。」

〈白話〉

孔子說:「回的修養已經差不多了,可是常常窮得一文不名。賜不受官府之命所約束,自行經營生意,猜測漲跌常常準確。」

〈解讀〉

① 不受命:古代的正式商人必須受命於官府,子貢沒有受命於官府,所以不屬於「商賈」。司馬遷《史記‧貨殖列傳》即介紹了子貢。因此,不受命與此有關,而不必談到天命、祿命、教命等。

〈11‧20〉

子張問善人之道。子曰:「不踐迹,亦不入於堂。」

〈白話〉

子張請教善人的作風如何。孔子說:「他不會隨俗從眾,但是修養也還沒有抵達最高境界。」

〈解讀〉

① 善人:有志為善的人或行善有成的人。領悟了「仁」,才能明白「為何」行善,即為何須從自我要求到兼善天下,必要時還要犧牲生命。善人未必知仁,光是行善仍有不足。關於善人,參考〈7‧26〉、〈13‧11〉、〈13‧29〉。

〈11‧21〉

子曰：「論篤是與，君子者乎？色莊者乎？」

〈白話〉

孔子說：「言論篤實固然值得肯定，但也要分辨他是言行合一的君子，還是面貌顯得莊重的人？」

〈解讀〉

① 與：肯定、贊許。本章提醒人察言觀色固然不錯，但言行合一才最為重要。

〈11‧22〉

子路問：「聞斯行諸？」子曰：「有父兄在，如之何其聞斯行之？」冉有問：「聞斯行諸？」子曰：「聞斯行之。」公西華曰：「由也問聞斯行諸，子曰『有父兄在』；求也問聞斯行諸，子曰：『聞斯行之』。赤也惑，敢問。」子曰：「求也退，故進之；由也兼人，故退之。」

〈白話〉

子路請教：「聽到可以做的事，就去做嗎？」孔子說：「父親與哥哥還在，怎麼能聽到可以做的事就去做呢？」冉有請教：「聽到可以做的事就去做嗎？」孔子說：「聽到可以做的事就去做。」公西華說：「當由請教聽到可以做的事就去做嗎，老師說『父親與哥哥還在』；當求請教聽到可以做的事就去做嗎，老師說『聽到可以做的事就去做』。我覺得有些困惑，冒昧來請教。」孔子說：「求做事比較退縮，所以我鼓勵他前進；由做事勇往直前，所以我讓他保守些。」

〈解讀〉

① 聞斯：聽到可以做的事。在此「可以」不是指明確合義合禮之事，而

是指可以選擇做或不做的事，如賑窮救災，這樣的事必須量力而為。

本章是因材施教的典型例子。一進一退之間，學生終身受益。

② 關於冉求的性格，可參考〈6‧12〉。子路則見於〈11‧18〉。

〈11‧23〉

子畏於匡，顏淵後。子曰：「吾以女（ㄖㄨˇ）為死矣。」曰：「子在，回何敢死？」

〈白話〉

孔子被匡城的群眾所圍困，顏淵後來才趕到。孔子說：「我以為你遇害了呢。」顏淵說：「老師活著，回怎麼敢死呢？」

〈解讀〉

① 何敢死：古代的觀念中，父母健在時，子女不能輕易冒險，更不必談先死了。顏淵視老師如父親，所以這樣說。若老師有了不幸，則師仇亦不共戴天，將為之伸張正義，死而無悔。參照〈9‧5〉。

〈11‧24〉

季子然問：「仲由、冉求可謂大臣與？」子曰：「吾以子為異之問，曾由與求之問。所謂大臣者，以道事君，不可則止。今由與求也，可謂具臣矣。」曰：「然則從之者與？」子曰：「弒父與君，亦不從也。」

〈白話〉

季子然請教：「仲由與冉求可以稱得上是大臣嗎？」孔子說：「我以為你要問別的事，原來是問由與求。所謂大臣，是以正道來服事君主，行不通就辭職。現在由與求二人，只可以說是稱職的臣子。」季子然說：「那麼，他們唯命是從嗎？」孔子說：「遇到長官殺父親與殺君主的事，他們也不會順從的。」

〈解讀〉

① 季子然：季氏子弟。

② 具臣：稱職的臣子，可以盡忠職守。孔子列名於「政事科」〈11‧3〉的兩位學生，都只達到「具臣」水平，難怪孔子會覺得失望。

〈11‧25〉

子路使子羔為費（ㄅㄧˋ）宰。子曰：「賊夫（ㄈㄨˊ）人之子。」子路曰：「有民人焉，有社稷焉，何必讀書，然後為學？」子曰：「是故惡（ㄨˋ）夫佞者。」

〈白話〉

子路安排子羔擔任費縣縣長。孔子說：「你這樣做，害了這個年輕人。」子路說：「有百姓與各級官員，也有土地與五穀，為什麼一定要讀書才算是求學呢？」孔子說：「這就是我討厭能言善辯者的緣故。」

〈解讀〉

① 為學：為學本來不限於讀書，子路的說法沒有錯。但是不讀書或讀書未成，就投入實際政事，所學有限，而且不免會犯錯。

② 子路不善言詞，在此卻說出一番道理，引來孔子的教訓。

〈11．26〉

子路、曾晢、冉有、公西華侍坐。

子曰：「以吾一日長（ㄓㄤˇ）乎爾，毋吾以也。居則曰：『不吾知也！』如或知爾，則何以哉？」

子路率爾而對曰：「千乘之國，攝乎大國之間，加之以師旅，因之以饑饉；由也為之，比（ㄅㄧˋ）及三年，可使有勇，且知方也。」夫子哂（ㄕㄣˇ）之。

「求！爾何如？」對曰：「方六七十，如五六十，求也為之，比及三年，可使足民。如其禮樂，以俟君子。」

「赤！爾何如？」對曰：「非曰能之，願學焉。宗廟之事，如會同，端章甫，願為小相（ㄒㄧㄤˋ）焉。」

「點！爾何如？」鼓瑟希，鏗（ㄎㄥ）爾，舍瑟而作，對曰：「異乎三子者之撰（ㄓㄨㄢˋ）。」子曰：「何傷乎？亦各言其志也。」曰：「莫（ㄇㄨˋ）春者，春服既成，冠（ㄍㄨㄢˋ）者五六人，童子六七人，浴乎沂（ㄧˊ），風乎舞雩（ㄩˊ），詠而歸。」夫子喟然歎曰：「吾與點也！」

三子者出，曾晢後。曾晢曰：「夫三子者之言何如？」子曰：「亦各言其志也已矣。」曰：「夫子何哂由也？」曰：「為國以禮，其言不讓，是故哂之。」「唯求則非邦也與？」「安見方六七十，如五六十，而非邦也者？」「唯赤則非邦也與？」「宗廟會同，非諸侯而何？赤也為之小，孰能為之大？」

〈白話〉

子路、曾晢、冉有、公西華在旁邊坐著。

孔子說：「我比你們虛長幾歲，希望你們不要因此覺得拘謹。平日你們常說：『沒有人了解我！』如果有人了解你們，又要怎麼做呢？」

子路立刻回答說：「一千輛兵車的國家，夾處在幾個大國之間，外面有軍隊侵犯，國內又碰上饑荒；如果讓我來治理，只要三年，就可以使百姓變得勇敢，並且明白道理。」孔子聽了微微一笑。

接著問：「求！你怎麼樣？」冉有回答說：「縱橫有六、七十里或五、六十里的地方，如果讓我來治理，只要三年，就可以使百姓富足。至於禮樂教化，則須等待高明的君子了。」

再問：「赤！你怎麼樣？」公西華回答說：「我不敢說自己可以做到，只是想要這樣學習：宗廟祭祀或者國際盟會，我願意穿禮服戴禮帽，擔任一個小司儀。」

又問：「點！你怎麼樣？」曾皙彈瑟的聲音漸稀，然後鏗的一聲，把瑟推開，站起來回答：「我與三位同學的說法有所不同。」孔子說：「有什麼妨礙呢？各人說出自己的志向罷了。」曾皙說：「暮春三月時，春天的衣服早就穿上了，我陪同五、六個成年人，六、七個小孩子，到沂水邊洗洗澡，在舞雩台上吹吹風，然後一路唱著歌回家。」孔子聽了贊嘆一聲，說：「我欣賞點的志向啊！」

三位同學離開了房間，曾皙留在後面，沒有出去。曾皙說：「那麼三位同學的話怎麼樣？」孔子說：「各人說出自己的志向罷了。」曾皙接著問：「老師為什麼對由的話要微笑呢？」孔子說：「治理國家要靠禮，他說話卻毫不謙讓，所以笑笑他。」曾皙再問：「難道求所講的不是指國家嗎？」孔子說：「怎麼看出縱橫六、七十里或五、六十里的地方不是國家呢？」曾皙又問：「難道赤所講的不是指國家嗎？」孔子說：「舉行宗廟祭祀與國際盟會，不是諸侯之國又是什麼？赤如果只做個小司儀，誰又能做大司儀呢？」

〈解讀〉

① 曾皙：曾點，字子皙，與其子曾參皆為孔子學生。他的志向是要配合天時（暮春）、地利（沂水、舞雩臺）、人和（冠者五六人，童子六七人），由此自得其樂，隨遇而安。孔子欣賞他的志向，顯示了儒家在深刻的入世情懷中，也有瀟灑自在的意趣。

〈12‧1〉

顏淵問仁。子曰：「克己復禮為仁。一日克己復禮，天下歸仁焉。為仁由己，而由人乎哉？」顏淵曰：「請問其目。」子曰：「非禮勿視，非禮勿聽，非禮勿言，非禮勿動。」顏淵曰：「回雖不敏，請事斯語矣。」

〈白話〉

顏淵請教如何行仁。孔子說：「能夠自己作主去實踐禮的要求，就是人生正途。不論任何時候，只要能夠自己作主去實踐禮的要求，天下人都會肯定你是走在人生正途上。走上人生正途是完全靠自己的，難道還能靠別人嗎？」顏淵說：「希望指點一些具體作法。」孔子說：「不合乎禮的不去看，不合乎禮的不去聽，不合乎禮的不去說，不合乎禮的不去做。」顏淵說：「我雖然不夠聰明，也要努力做到這些話。」

〈解讀〉

① 仁：在學生心目中，只知道行仁很重要，但不明白「行仁」所指的就是人生正途，這種人生正途又與擇善固執有關。孔子指點個別學生如何擇善，因材施教，因而沒有標準答案。顏淵是孔子最好的學生，仁是孔子的一貫之道，因此孔子在此的回答，應是他人生體驗極為深刻的心得。

② 克己復禮：這四個字不能分兩段說，而應一氣呵成，否則「己」與「禮」互相對立，難免淪為性惡之說或認為禮是外加於人的觀點。許多學者在此提及《左傳‧昭公十二年》有「仲尼曰：古也有志，克己復禮，仁也。」孔子博學多聞，讀過這句古語。姑不論其原意為何，孔子溫故而知新，亦可表達「能自己作主去實踐禮」這種「化被動為主動」的人生觀。這句話是指：人應該自覺而自願，自主而自動，去

實踐禮的要求；禮是規範群體秩序、促進群體和諧所不可或缺的因素；個人與群體的緊張關係在此化解於無形，使「仁」字「從人從二」的感通意義充分實現，然後天下人自然肯定你是走在人生正途上了。另外，和「克己復禮」類似的句子，有「行己有恥」〈13‧20〉，「行己也恭」〈5‧15〉，「恭己正南面」〈15‧5〉等。這一類句法是古代的「敘事簡句」，「行己」為「使己行」，「恭己」為「使己恭」，克己是「使己克」。

③ 為仁由己：克己與由己並觀，更顯示人的主動性是行仁的關鍵。至於復禮，則緊扣以下四日而言，因為所謂實踐禮的要求，具體而言就是要做到四勿，如此人生之行才可一帆風順。

④ 退一步說，假定「克己復禮」是朱注所謂「勝私欲而復於禮」，那麼在顏淵請問其目時，孔子說的「四勿」不是接近重複此說嗎？像顏淵這種聞一知十的弟子，老師需要重複說類似的話嗎？因此，孔子之意是：行仁需主動，而下手的工夫則由被動（四勿）做起。修養之祕訣即在：化被動為主動，其最高境界則是孔子之「七十而從心所欲不踰矩」〈2‧4〉。

〈12‧2〉
仲弓問仁。子曰：「出門如見大賓，使民如承大祭。己所不欲，勿施於人。在邦無怨，在家無怨。」仲弓曰：「雍雖不敏，請事斯語矣。」

〈白話〉
仲弓請教如何行仁。孔子說：「走出家門，像是去接待重要賓客；使喚百姓，像是去承辦重要祭典。自己不喜歡的，不要加在別人身上。在諸侯之國服務，沒有人抱怨，在大夫之家服務，也沒有人抱怨。」仲弓說：「我雖然不夠聰明，也要努力做到這些話。」

〈解讀〉

① 出門：本章中的三小段話，分別表示：一、與人交往要存敬守禮；二、以恕道增益人間情義；三、由無私促成群體和諧。層層遞進，正是明確指向人生正途。參考〈15‧24〉。

〈12‧3〉

司馬牛問仁。子曰：「仁者，其言也訒（ㄖㄣˋ）。」曰：「其言也訒，斯謂之仁已乎？」子曰：「為之難，言之得無訒乎！」

〈白話〉

司馬牛請教如何行仁。孔子說：「行仁的人，說話非常謹慎。」司馬牛再問：「說話非常謹慎，這樣就可以稱得上是行仁了嗎？」孔子說：「這是很難做到的，一般人說話做不到非常謹慎的！」

〈解讀〉

① 司馬牛：司馬耕，字子牛，宋人。
② 訒：說話非常謹慎。也許這是針對司馬牛「多言而躁」的毛病，為他指點的人生正途。不過，從「剛、毅、木、訥，近仁」〈13‧27〉來看，這也可以說是孔子的基本觀點：行仁的人不輕易說話，卻敏於實踐。〈12‧4〉

〈12‧4〉

司馬牛問君子。子曰：「君子不憂不懼。」曰：「不憂不懼，斯謂之君子已乎？」子曰：「內省不疚（ㄐㄧㄡˋ），夫（ㄈㄨˊ）何憂何懼？」

〈白話〉

司馬牛請教怎樣才是君子。孔子說：「君子不憂愁也不恐懼。」司馬牛再問：「不憂愁也不恐懼，這樣就可以稱得上是君子嗎？」孔子說：「能做

到反省自身而沒有任何愧疚，這樣又憂愁什麼、恐懼什麼？」

〈解讀〉

① 內省不疚：問心無愧，這是不憂不懼的前提，做到這一點，談何容易！司馬牛未及深思就以為什麼都很容易，真是個難教的學生。參看〈9·29〉。

〈12·5〉

司馬牛憂曰：「人皆有兄弟，我獨亡（ㄨˊ）。」子夏曰：「商聞之矣：『死生有命，富貴在天。君子敬而無失，與人恭而有禮。四海之內皆兄弟也。』君子何患乎無兄弟也？」

〈白話〉

司馬牛很憂愁，說：「別人都有兄弟，就是我沒有。」子夏說：「我聽到的說法是：『死生各有命運，富貴由天安排。君子態度認真而言行沒有差錯，對人謙恭而往來合乎禮節，那麼四海之內的人都可以稱兄道弟。』君子又何必擔心沒有兄弟呢？」

〈解讀〉

① 司馬牛：其兄桓魋曾想加害孔子〈7·23〉，使他憂其兄作亂而將死，所以會感嘆自己沒有兄弟。

② 聞之：子夏所聽到的，應該就是孔子說過的話，不然沒有必要記於《論語》中。所說內容可圈可點。

③ 命：命與天，在此是就人的遭遇而言，屬於命運範圍，參考〈6·10〉。接下去談的君子，則屬於個人可以自行抉擇的使命了。

④ 四海之內：所指的是天下人。古代對海外的狀況並不清楚，現在則可以包括一切人在內。天下人皆如此，乃因人性向善，對「敬」與「恭」都有正面回應。參照〈13·4〉。

〈12‧6〉

子張問明。子曰：「浸潤之譖（ㄗㄣˋ），膚受之愬（ㄙㄨˋ），不行焉，可謂明也已矣。浸潤之譖，膚受之愬，不行焉，可謂遠也已矣。」

〈白話〉

子張請教明見的道理。孔子說：「日積月累的讒言與急迫切身的毀謗，在你這裡都行不通，你可以說是有明見了。日積月累的讒言與急迫切身的毀謗，在你這裡都行不通，你可以說是有遠見了。」

〈解讀〉

① 明：明見，看得明白。「明」與「遠」並論，大概是為了解說《書經‧太甲中》的「視遠惟明」一語。孔子的回答指出：不必捨近求遠，能明見身邊的小詭計，就是明，也就是遠了。

〈12‧7〉

子貢問政。子曰：「足食，足兵，民信之矣。」子貢曰：「必不得已而去，於斯三者何先？」曰：「去兵。」子貢曰：「必不得已而去，於斯二者何先？」曰：「去食。自古皆有死，民無信不立。」

〈白話〉

子貢請教政治的做法。孔子說：「使糧食充足，使軍備充足，使百姓信賴政府。」子貢再問：「如果迫不得已要去掉一項，先去掉這三項中的哪一項？」孔子說：「去掉軍備。」子貢又問：「如果迫不得已還要去掉一項，先去掉這二項中的哪一項？」孔子說：「去掉糧食。自古以來，人總難免一死，但是百姓若不信賴政府，國家就無法存在了。」

〈解讀〉

① 信：百姓信賴政府。這是指施政配合教化，社會因而穩定和諧。若是

去掉這種信，活著不但受苦，而且談不上任何教化。參考〈13‧9〉的
「庶之、富之、教之」。

〈12‧8〉
棘子成曰：「君子質而已矣，何以文為？」子貢曰：「惜乎，夫子
之說君子也！駟不及舌。文猶質也，質猶文也。虎豹之鞟（ㄎㄨㄛˋ）
猶犬羊之鞟。」

〈白話〉
棘子成說：「君子只要有質樸就夠了，要文飾做什麼呢？」子貢說：「先
生這樣談論君子，令人感到遺憾！須知一言既出，駟馬難追。如果文飾就
像質樸一樣，質樸也像文飾一樣，那麼去掉文飾的話，虎豹的皮就像犬羊
的皮一樣了。」

〈解讀〉
① 棘子成：衛國大夫，古代對大夫可稱夫子。他的話有些憤世嫉俗，可
   惜說得太偏激。子貢的評論是基於孔子「文質彬彬」〈6‧18〉的觀
   點。
② 鞟：皮去毛。獸皮以鞟為質，以毛為文。

〈12‧9〉
哀公問於有若曰：「年饑，用不足，如之何？」有若對曰：「盍
（ㄏㄜˊ）徹乎？」曰：「二，吾猶不足，如之何其徹也？」對曰：
「百姓足，君孰與不足？百姓不足，君孰與足？」

〈白話〉
哀公問有若：「今年收成不好，國家財用不夠，要怎麼辦呢？」有若回答
說：「為什麼不實行抽稅十分之一的辦法呢？」哀公說：「抽稅十分之
二，我都還嫌不夠用，怎麼能抽稅十分之一呢？」有若回答說：「百姓夠

用的話，您怎麼會不夠用？百姓不夠用的話，您又怎麼會夠用？」

〈解讀〉

① 有若：在《論語》中，常稱有子。他的說話口氣有些像孔子，本章可
　以參考。參照〈1‧2〉，〈1‧12〉。

〈12‧10〉

子張問崇德辨惑。子曰：「主忠信，徙義，崇德也。愛之欲其生，
惡（ㄨˋ）之欲其死，既欲其生又欲其死，是惑也。」

〈白話〉

子張請教如何增進德行與辨別迷惑。孔子說：「以忠誠信實為原則，認真
實踐該做的事，這樣就能增進德行。喜愛一個人，希望他活久一些；厭惡
他時，又希望他早些死去；既要他生，又要他死，這樣就是迷惑。」

〈解讀〉

① 欲：主觀願望，常受情緒（如愛、惡）所影響，因而製造各種困擾與
　迷惑。
② 本章最後原來有「誠不以富，亦祇以異」一語，應該移到〈16‧
　12〉。
③ 關於「辨惑」，參照〈12‧21〉。

〈12‧11〉

齊景公問政於孔子。孔子對曰：「君君，臣臣，父父，子子。」公
曰：「善哉！信如君不君，臣不臣，父不父，子不子，雖有粟，吾
得而食諸？」

〈白話〉

齊景公詢問孔子政治的做法。孔子回答說：「君要像君，臣要像臣，父要像父，子要像子。」齊景公說：「說得對呀！如果君不像君，臣不像臣，父不像父，子不像子，就算糧食很多，我有辦法吃到嗎？」

〈解讀〉

① 君君：「君君，臣臣，父父，子子」這四個並列詞組中，第一個字是「名」，第二個字是「實」。有君之名還須有君之實。不僅如此，「實」是指「分」而言，就是「標準、理想」的意思。於是，君臣父子都應該努力效法理想的君臣父子，而不能徒有其名。此事約發生在孔子三十五、三十六歲時。當時魯昭公被季氏所逐而奔齊，孔子追隨昭公至齊國。

〈12‧12〉

子曰：「片言可以折獄者，其由也與！」子路無宿諾。

〈白話〉

孔子說：「根據一面之詞，就可以查出實情、判決案件的，大概就是由吧！」子路答應要做任何事，從不拖延。

〈解讀〉

① 片言：訴訟中的一面之詞。《尚書‧呂刑》有所謂「單辭」（一人獨言，未有與對之人），即是本章所說的「片言」（半言）。別人判案必須聽兩面說法，子路為人忠信果決，所以有些特殊才幹。孔子的意思並不是說子路經常片言折獄，而是肯定他有這種能力。如果以「片言」為「三言兩語」，則並非難事，又何必說「其由也與？」
② 孔子對子路的肯定，參看〈5‧6〉、〈9‧27〉。

〈12‧13〉

子曰：「聽訟，吾猶人也。必也使無訟乎。」

〈白話〉

孔子說：「審判訴訟案件，我與別人差不多。如果一定要有所不同，我希望使訴訟案件完全消失。」

〈解讀〉

① 必也：這是轉接語，意思是：如果一定如何（有所不同或做得更好）。

② 無訟：教化大行，則人人守法重禮，訴訟案件自然消失。《大學》引孔子此語，並繼續說：「無情者不得盡其辭，大畏民志，此謂知本。」意為：讓那些不肯說明實情的人，沒辦法捏造一大套虛妄的話。要嚴厲警惕百姓不能有欺瞞的心思。這樣稱為知道根本。

③ 孔子與一般人的對比，參照〈7‧33〉。

〈12‧14〉

子張問政。子曰：「居之無倦，行之以忠。」

〈白話〉

子張請教政治的做法。孔子說：「在職位上不要倦怠，執行職務態度忠誠。」

〈解讀〉

① 之：指從政後的職位與職務。子張另一次問政，參看〈20‧2〉。關於「無倦」，參看〈13‧1〉。

〈12‧15〉

子曰：「博學於文，約之以禮，亦可以弗畔矣夫！」

〈白話〉

孔子說：「廣泛學習文獻知識，再以禮來約束自己的行為，這樣也就不至於背離人生正途了。」

〈解讀〉

① 本章內容已見於〈6‧27〉，只是開頭少了「君子」二字。

〈12‧16〉

子曰：「君子成人之美，不成人之惡。小人反是。」

〈白話〉

孔子說：「君子幫助別人完成善行，不幫助別人完成惡行。小人則正好相反。」

〈解讀〉

① 美：與惡相對，指善行而言，但意思更廣，包括一切可喜可欲者、無傷大雅者。對照〈4‧1〉。
② 有關君子與小人的對比，參看〈2‧14〉解讀③。

〈12‧17〉

季康子問政於孔子。孔子對曰：「政者，正也。子帥以正，孰敢不正？」

〈白話〉

季康子請教孔子政治的做法。孔子回答說：「政的意思就是正。您帶頭走上正道，誰敢不走上正道呢？」

〈解讀〉

① 正：一方面這是上行下效，另一方面人性也是向著正道的，否則一旦
　　政治領袖不善，天下百姓豈不絕望？參看〈12‧19〉，〈13‧6〉。

〈12‧18〉

季康子患盜，問於孔子。孔子對曰：「苟子之不欲，雖賞之不
竊。」

〈白話〉

季康子為了盜賊太多而煩惱，向孔子請教對付的辦法。孔子回答說：「如
果您自己不貪求財貨，就是有獎勵他們也不會去偷竊。」

〈解讀〉

① 不欲：在上位者貪得無厭，有些人迫於生計或有樣學樣，就淪為盜賊
　　了。反之，百姓將有廉恥之心，自重自愛。孔子的說法非常坦直，好
　　像寧可說得誇張一些，以便聽者早些覺悟。參照〈12‧17〉、〈12‧
　　19〉。

〈12‧19〉

季康子問政於孔子曰：「如殺無道，以就有道，何如？」孔子對
曰：「子為政，焉用殺？子欲善而民善矣。君子之德風，小人之德
草。草上之風，必偃。」

〈白話〉

季康子向孔子請教政治的做法，他說：「如果殺掉為非作歹的人，親近修
德行善的人，這樣做如何？」孔子回答說：「您負責政治，何必要殺人？
您有心為善，百姓就會跟著為善了。政治領袖的言行表現，像風一樣；一
般百姓的言行表現，像草一樣；風吹在草上，草一定跟著倒下。」

〈解讀〉

① 道：無道與有道，泛指惡人與善人。所謂惡人，大概是季康子心目中違法亂紀之輩。

② 德：言行表現有一定的特色或作風。在此，與善惡無關。《尚書·君陳》有「爾其戒哉！爾惟風，下民惟草」一語。

③ 必偃：前面談「善」，這裡談「必偃」。表面看來，惡也會造成必偃，亦即孟子所謂的「上有好者，下必有甚焉者」；但是，談到政治效應時，孔子一向論善不論惡，因為他對人的觀念不曾離開「仁」，亦即「人性向善」。參看〈12·17〉、〈12·18〉、〈13·6〉。

〈12·20〉

子張問：「士何如斯可謂之達矣？」子曰：「何哉？爾所謂達者？」子張對曰：「在邦必聞，在家必聞。」子曰：「是聞也，非達也。夫（ㄈㄨˊ）達也者，質直而好（ㄏㄠˋ）義，察言而觀色，慮以下人。在邦必達，在家必達。夫聞也者，色取仁而行違，居之不疑。在邦必聞，在家必聞。」

〈白話〉

子張請教：「讀書人要怎麼做，才可以稱為通達？」孔子說：「你所謂的通達是什麼意思？」子張回答說：「在諸侯之國任官一定成名；在大夫之家任職，也一定成名。」孔子說：「這是成名，不是通達。通達的人，品性正直而愛好行義，認真聽人說話與看人神色，凡事都想以謙遜自處。這樣的人，在諸侯之國任官一定通達，在大夫之家任職也一定通達。至於成名的人，表面看來忠厚而實際行為是另一回事，他還自認為不錯而毫不疑惑。這種人在諸侯之國任官一定成名，在大夫之家任職也一定成名。」

〈解讀〉

① 達：通達，也可以說是發達，所以子張才會把它與成名混淆。

② 仁：在此是指忠厚的樣子，所以是可以裝出來的。

〈12‧21〉

樊遲從遊於舞雩（ㄩˊ）之下，曰：「敢問崇德，修慝（ㄊㄜˋ），辨惑。」子曰：「善哉問！先事後得，非崇德與？攻其惡，無攻人之惡，非修慝與？一朝（ㄓㄠ）之忿，忘其身以及其親，非惑與？」

〈白話〉

樊遲陪同孔子在舞雩台下遊憩時，說：「膽敢請教如何增進德行，消除積怨與辨別迷惑？」孔子說：「問得好！先努力工作然後再想報酬的事，不是可以增進德行嗎？批判自己的過錯而不要批判別人的過錯，不是可以消除積怨嗎？因為一時的憤怒就忘記自己的處境與父母的安危，不是迷惑嗎？」

〈解讀〉

① 修慝：消除積怨。慝是藏匿在心中的怨恨。經常反省與批判自己的過錯，就沒有多餘的心力去怨恨別人了。本章主要談的是自我修養的工夫。

② 關於「辨惑」，參考〈12‧10〉。

〈12‧22〉

樊遲問仁。子曰：「愛人。」問知。子曰：「知人。」樊遲未達。子曰：「舉直錯（ㄘㄨˋ）諸枉，能使枉者直。」樊遲退，見子夏曰：「鄉（ㄒㄧㄤˋ）也吾見於夫子而問知，子曰，『舉直錯諸枉，能使枉者直』，何謂也？」子夏曰：「富哉言乎！舜有天下，選於眾，舉皋（ㄍㄠ）陶（ㄧㄠˊ），不仁者遠矣。湯有天下，選於眾，舉伊尹，不仁者遠矣。」

〈白話〉

樊遲請教如何行仁，孔子說：「愛護別人。」他再請教如何算是明智，孔子說：「了解別人。」樊遲沒有聽懂，孔子說：「提拔正直的人，使他們

位於偏曲的人之上，就可以使偏曲的人也變得正直。」樊遲退出房間，看到子夏說：「剛才我去見老師，向他請教如何算是明智，老師說，『提拔正直的人，使他們位於偏曲的人之上，就可以使偏曲的人也變得正直』，這是什麼意思呢？」子夏說：「這句話真是含意豐富啊！舜統治天下時，在眾人中挑選，把皋陶提拔出來，不走正路的人就遠遠離開了。湯統治天下時，在眾人中挑選，把伊尹提拔出來，不走正路的人就就遠遠離開了。」

〈解讀〉

① 愛人：愛護別人。這是孔子指點樊遲的人生正途，既切身又明白，就怕說起來容易，做起來無從下手。更難的是，愛人不是不分善惡，而須愛之以道。

② 不仁者：泛指不走正路的人，亦即壞人。但是，人之好壞並非一成不變，而是在人生歷程中上進或墮落的結果。參照〈6．22〉、〈13．19〉。

〈12．23〉

子貢問友。子曰：「忠告（《ㄨㄟˋ）而善道（ㄉㄠˇ）之，不可則止，毋自辱焉。」

〈白話〉

子貢請教交友之道。孔子說：「朋友若有過錯，要真誠相告而委婉勸導；他若不肯聽從，就閉口不說，以免自取其辱。」

〈解讀〉

① 友：真正的朋友應該是「道義相期、肝膽相照、榮辱相關、過失相規」。以此標準視之，朋友實在不多。一般所謂朋友，常由同學、同鄉、同事、同行、同道、同教的情感所衍生而成。孔子這裡所說的原則也照樣適用。參看〈4．26〉。

〈12‧24〉

曾子曰：「君子以文會友，以友輔仁。」

〈白話〉

曾子說：「君子以談文論藝來與朋友相聚，再以這樣的朋友來幫助自己走上人生正途。」

〈解讀〉

① 文：談文論藝。這在古代是少數知識分子的活動，現在教育普及，媒體發達，人人皆可談文論藝，譬如讀書會、研習會都算是這一類活動。

② 友：朋友互相勉勵與扶持，共同走在人生正途上。

〈13‧1〉

子路問政。子曰：「先之勞之。」請益。曰：「無倦。」

〈白話〉

子路請教政治的做法。孔子說：「自己帶頭做事，同時使百姓勤勞工作。」子路想知道進一步的作為，孔子說：「不要倦怠。」

〈解讀〉

① 之：指百姓而言，因為談的是政治，亦即治理百姓。

② 無倦：意思正是擇善固執的「固執」。人生路上，不必常想新的點子或辦法，照著該做的去做，持之以恆就是上策。參照〈12‧14〉。

〈13‧2〉

仲弓為季氏宰，問政。子曰：「先有司，赦小過，舉賢才。」曰：「焉知賢才而舉之？」子曰：「舉爾所知；爾所不知，人其舍諸？」

〈白話〉

仲弓擔任季氏的總管，向孔子請教政治的做法。孔子說：「先責成各級官員任事，不計較他們的小過失，提拔優秀的人才。」仲弓再問：「怎樣才能認出優秀的人才，進而予以提拔呢？」孔子說：「提拔你所認識的；你不認識的，別人難道會錯過嗎？」

〈解讀〉

① 宰：大夫之家的家臣，其下有各級官員，稱為有司，各司其職。

〈13‧3〉

子路曰：「衛君待子而為政，子將奚先？」子曰：「必也正名乎！」子路曰：「有是哉，子之迂也！奚其正？」子曰：「野哉，由也！君子於其所不知，蓋闕如也。名不正，則言不順；言不順，則事不成；事不成，則禮樂不興；禮樂不興，則刑罰不中；刑罰不中，則民無所措手足。故君子名之必可言也，言之必可行也。君子於其言，無所苟而已矣。」

〈白話〉

子路說：「假如衛君請您去治理國政，您要先做什麼？」孔子說：「一定要我做的話，就是糾正名分了！」子路說：「您未免太迂闊了吧！有什麼好糾正的呢？」孔子說：「你真是鹵莽啊！君子對於自己不懂的事，應該保留不說。名分不糾正，言語就不順當；言語不順當，公務就辦不成；公務辦不成，禮樂就不上軌道；禮樂不上軌道，刑罰就失去一定標準；刑罰失去一定標準，百姓就惶惶然不知所措了。因此，君子定下一種名分，一定要讓它可以說得順當；說得出來的，也一定讓它可以行得通。君子對於自己的言論，要求做到一絲不苟罷了。」

〈解讀〉

① 正名：名是指名分。當時衛國出公在位十二年，其父蒯聵原為世子，卻不得繼位。父子君臣之名分皆有待糾正，後來演變為父子爭國的局面。子路事出公，遇難而死。

② 名不正：這一系列推論，必須放在治國的脈絡來理解。

〈13‧4〉

樊遲請學稼。子曰：「吾不如老農。」請學為圃。曰：「吾不如老圃。」樊遲出。子曰：「小人哉，樊須也！上好禮，則民莫敢不敬；上好義，則民莫敢不服；上好信，則民莫敢不用情。夫如是，則四方之民襁負其子而至矣，焉用稼？」

〈白話〉

樊遲請求學習農耕之事，孔子說：「我比不上有經驗的農夫。」他又請求學習種蔬菜，孔子說：「我比不上有經驗的菜農。」樊遲離去之後，孔子說：「樊須真是個沒志氣的人！在上位的人愛好禮制，百姓就沒有敢不尊敬的；在上位的人愛好道義，百姓就沒有敢不服從的；在上位的人愛好誠信，百姓就沒有敢不實在的。能做到這樣，四方的百姓就背著小孩投奔過來了。又怎麼用得到自己去耕作呢？」

〈解讀〉

① 小人：指一般人，沒有特別志向者。古代以稼圃為小人之事，並無明確的貶意，只是分工不同而已。孔子這裡所說的「小人」，專指少數知識分子，因為他們不應該沒有志氣與遠見。本章所論與今日以農學為專業者無關。

② 「四方之民」的回應，針對的是「上好禮、好義、好信」，亦即百姓表現了「人性向善」。參照〈12‧5〉。

〈13‧5〉

子曰：「誦《詩》三百，授之以政，不達；使於四方，不能專對；雖多，亦奚以為？」

〈白話〉

孔子說：「熟讀《詩經》三百篇，給他政治任務，不能順利完成；派他出使外國，不能獨當一面；這樣讀書再多，又有什麼用處呢？」

〈解讀〉

① 詩：古代讀詩是從政前的基本修養，必須活學活用，才能符合孔子的期許。

② 專對：古代奉命出使外國，必須在言詞上獨當一面，所謂「受命不受辭」，否則無法達成任務。參考「不學詩，無以言」〈16‧3〉，以及〈17‧9〉。

〈13‧6〉

子曰：「其身正，不令而行；其身不正，雖令不從。」

〈白話〉

孔子說：「政治領袖本身行為端正，就是不下命令，百姓也會走上正途；如果他自己行為不端正，即使下令要求，百姓也不會照著做。」

〈解讀〉

① 正：身之正或不正，與令之行或不行，本來是兩回事，現在孔子將二者相提並論，可見所令者是要求百姓走上人生正途。然後，「不令而行」肯定了人性向善，同時又不忽略上行下效的作用；「雖令不從」則是由於教育尚未普及，百姓的自覺能力仍弱，看到在上位者不端正，就無法明白行善是人生正途。參照〈12‧17〉、〈13‧13〉。

〈13‧7〉

子曰：「魯衛之政，兄弟也。」

〈白話〉

孔子說：「魯國與衛國就政治上來說，其實是兄弟啊！」

〈解讀〉

① 魯：魯為周公之後，衛為康叔之後，周公與康叔二人原是兄弟，並且感情最睦。這裡就「政」而言，表示遺風猶存，處境卻同樣不太理想，既使人緬懷，又使人感嘆。

② 《左傳‧定公四年》謂二國受封之後，「皆啟以商政，彊以周索。」二國之政皆循商之舊政而改以周法教化。

〈13‧8〉

子謂衛公子荊，「善居室。始有，曰：『苟合矣。』少有，曰：『苟完矣。』，富有，曰：『苟美矣。』」

〈白話〉

孔子談到衛國的公子荊，說：「他很懂得居家的道理。開始有房子住，就說：『真的是夠用了。』房子稍有裝潢，就說：『真的是完備了。』房子一應俱全，就說：『真的是完美了。』」

〈解讀〉

① 衛公子荊：這裡特別標明「衛」，是因為魯哀公也有一子，名荊。

② 苟：假設語氣，為「真的是……」、「假如……」之意。所謂合、完、美，都是知足常樂的想法。

〈13‧9〉

子適衛，冉有僕。子曰：「庶矣哉！」冉有曰：「既庶矣，又何加焉？」曰：「富之。」曰：「既富矣，又何加焉？」曰：「教之。」

〈白話〉

孔子前往衛國，冉有為他駕車。孔子說：「這裡人口眾多啊！」冉有說：「人口眾多之後，接著應該做什麼？」孔子說：「使他們富裕。」冉有說：「如果已經富裕了，還應該做什麼？」孔子說：「教育他們。」

〈解讀〉

① 庶：從庶到富，再到教，是事情進展的順序，而不是指重要性的順序。所以，沒做到「教」這一步，就不能算是理想的政策。事實上，「教」在任何階段都是不可或缺的，只是有簡單與完備之分而已。

② 教：到了教，就不能再追問下一步了，因為第一，教育工作永遠做不

完，譬如終身教育；第二，受了教育之後，人須自行努力進修與實踐，政府或老師無法代勞。參考〈12‧7〉。

〈13‧10〉

子曰：「苟有用我者，期（ㄐㄧ）月而已可也，三年有成。」

〈白話〉

孔子說：「真的有人任用我的話，只要一年就可以略具規模，三年就會成效顯著。」

〈解讀〉

① 期月：再回到同一個月，亦即一年。

〈13‧11〉

子曰：「『善人為邦百年，亦可以勝（ㄕㄥ）殘去殺矣。』誠哉是言也！」

〈白話〉

孔子說：「『行善之人治理國政，連續一百年下來，就可以做到化解殘暴、去除殺戮了。』這句話說得對啊！」

〈解讀〉

① 善人：行善之人，指有心行善與努力行善的人。參考〈7‧26〉，〈11‧20〉，〈13‧29〉。他們的特點是可以做到人人所知的善，所以有善人之名，而未必了解「為何」要行善。譬如，一個人行善，是因為他認為行善對大家都好，會受到大家歡迎，而未必了解行善是人性所要求的唯一正途，亦即行善的動機是自覺應該如此，而不是為了任何有形的成效。因此，善人連續一百年的努力，才能有可觀的結果。為邦即是教化，教化如果由外建立典範，收效較慢；如果由內導

正觀念，使人人自覺應該為善，才可能像孔子所說的「三年有成」〈13‧10〉。

〈13‧12〉
子曰：「如有王者，必世而後仁。」

〈白話〉
孔子說：「如果出現理想的君主，也一定需要三十年才能使百姓走上人生正途。」

〈解讀〉
① 王者：所謂「以德服人者，王；以力服人者，霸」，王者是指理想的君主而言。
② 仁：教化大行之後，百姓走上人生正途，三十年為一世，孔子的意思是政治不可能立竿見影。

〈13‧13〉
子曰：「苟正其身矣，於從政乎何有？不能正其身，如正人何？」

〈白話〉
孔子說：「真能端正自身的行為，從政做官有什麼困難？不能端正自身的行為，又怎樣使別人端正呢？」

〈解讀〉
① 正：端正，須由動態觀點來看，要一生努力端正，持之以恆。至於正人，則是人際互動的自然成效，而未必專務於正人。參照〈12‧17〉，〈13‧6〉。

〈13‧14〉

冉子退朝。子曰：「何晏也？」對曰：「有政。」子曰：「其事也。如有政，雖不吾以，吾其與（ㄩˋ）聞之。」

〈白話〉

冉有下班回來。孔子說：「今天怎麼這麼晚呢？」冉有回答：「有政務。」孔子說：「那只是事務吧。如果是政務，雖然現在朝廷用不著我，我也會知道情況的。」

〈解讀〉

① 退朝：冉有從季氏家的朝廷回來。古代大夫也有朝，清晨與其家臣共議事務；然後，大夫再赴諸侯之朝。魏朝何晏（194-249）作《論語集解》，其名得自此章。

② 有政：政務是指攸關國家大計的工作或計畫。事務則是執行上級所交付的任務。當時季氏執政，在家朝與家臣所談的未必不是政務，而孔子的「正名」含有批判之意。

〈13‧15〉

定公問：「一言而可以興邦，有諸？」孔子對曰：「言不可以若是，其幾也，人之言曰：『為君難，為臣不易。』如知為君之難也，不幾乎一言而興邦乎？」曰：「一言而喪邦，有諸？」孔子對曰：「言不可以若是，其幾也，人之言曰：『予無樂乎為君，唯其言而莫予違也。』如其善而莫之違也，不亦善乎？如不善而莫之違也，不幾乎一言而喪邦乎？」

〈白話〉

定公詢問：「一句話就可以使國家興盛，有這樣的事嗎？」孔子回答：「話不可以說得這樣武斷，以近似的程度看，有一句話是：『做君主很難，做臣屬也不容易。』如果知道做君主很難，不是近於一句話就可以使

國家興盛嗎？」定公又問：「一句話就可以使國家衰亡，有這樣的事嗎？」孔子回答：「話不可以說得這樣武斷，以近似的程度看，有一句話是：『我做君主沒有什麼快樂，除了我的話沒有人違背之外。』如果說的話是對的而沒有人違背，不也很好嗎？如果說的話是不對的而沒有人違背，不是近於一句話就可以使國家衰亡嗎？

〈解讀〉

① 幾：近似、接近、近於之意。國家興亡的原因十分複雜，即使專就君主的責任而言，也只能說「近似」而已。孔子的話有如暮鼓晨鐘，對古今中外的政治人物皆是如此。

② 「為君難，為臣不易」一語，可以總結《尚書》之精神。

〈13・16〉

葉（ㄕㄜˋ）公問政。子曰：「近者說（ㄩㄝˋ），遠者來。」

〈白話〉

葉公請教政治的做法。孔子說：「使境內的人高興，使境外的人來歸。」

〈解讀〉

① 葉公：楚國大夫，見〈7・19〉，當時楚國不斷擴張勢力而內亂已萌，所以孔子對症下藥。若遠人不來，「則修文德以來之」〈16・1〉。

〈13・17〉

子夏為莒父宰，問政。子曰：「無欲速，無見小利。欲速則不達；見小利則大事不成。」

〈白話〉

子夏擔任莒父的縣長，請教政治的做法。孔子說：「不要想要很快收效，也不要只看小的利益。想要很快收效，反而達不到目的；只看小的利益，

反而辦不成大事。」

〈解讀〉
① 莒父：位於魯國西部。孔子的指示是穩紮穩打，要有遠見宏圖。
② 參照「小不忍則亂大謀」〈15‧27〉。

〈13‧18〉
葉（ㄕㄜˋ）公語孔子曰：「吾黨有直躬者，其父攘羊，而子證
之。」孔子曰：「吾黨之直者異於是：父為子隱，子為父隱。直在
其中矣。」

〈白話〉
葉公告訴孔子：「我們鄉里有個正直的人名叫躬，他父親偷了羊，他親自
去檢舉。」孔子說：「我們鄉里正直的人做法不一樣：父親替兒子隱瞞，
兒子替父親隱瞞。這裡面自然就有正直了。」

〈解讀〉
① 直躬：直人名躬‧後來就以直躬之名流傳開來。
② 隱：依於人的親情，不忍檢舉，但不表示他們不能或不該互相規勸。
③ 直：直在其中，表示：隱不是直的定義，而「為何隱」才是重點，亦
　　即順乎天性與人情為直。直有「真誠」與「直爽」之意，亦由此可
　　見。
④ 關於「直」，參看〈6‧19〉、〈8‧2〉、〈17‧8〉。

〈13‧19〉
樊遲問仁。子曰：「居處恭，執事敬，與人忠。雖之夷狄，不可棄
也。」

〈白話〉

樊遲請教如何行仁。孔子說：「平時態度莊重，工作認真負責，與人交往真誠。即使到了偏遠的落後地區，也不能沒有這幾種德行。」

〈解讀〉

① 仁：行仁。由孔子的回答看來，這是他提供給樊遲參考的人生正途，可見因材施教的靈活性。參考〈6·22〉、〈12·22〉。

〈13·20〉

子貢問曰：「何如斯可謂之士矣。」子曰：「行己有恥！使（ㄕˋ）於四方，不辱君命，可謂士矣。」曰：「敢問其次？」曰：「宗族稱孝焉，鄉黨稱弟（ㄊㄧˋ）焉。」曰：「敢問其次？」曰：「言必信，行必果，硜（ㄎㄥ）硜然小人哉！抑亦可以為次矣。」曰：「今之從政者何如？」子曰：「噫！斗筲（ㄕㄠ）之人，何足算也？」

〈白話〉

子貢請教：「要具備怎樣的條件，才可以稱為士？」孔子說：「本身操守廉潔而知恥，出使外國不負君主所託，就可以稱為士了。」子貢說：「想請教次一等的表現。」孔子說：「宗族的人稱讚他孝順父母，鄉里的人稱讚他尊敬長輩。」子貢說：「想請教再次一等的表現。」孔子說：「說話一定要守信，行動一定有結果，這種一板一眼的小人物，也可以算是再次一等的士了。」子貢再問：「當前的政治人物怎麼樣？」孔子說：「噫！這些人的度量見識像是廚房裡的小用具，算得了什麼？」

〈解讀〉

① 士：古代有「士」的階級，在大夫之下。本書談到「使於四方」，所以直譯為「士」，不再泛指讀書人。參照〈4·9〉、〈8·7〉、〈14·2〉、〈19·1〉。

② 行己：這句話表示德行與才幹必須兼備。其次一等的「孝弟」則側重

德行。

③ 小人：小人物，小在兩個「必」字，看似一板一眼，其實可能忽略了「義」。因為這也是士的一等，所以不譯為小人。可嘆的是，當時的從政者連小人物都算不上。參照「小人儒」〈6‧13〉。

〈13‧21〉
子曰：「不得中行而與之，必也狂狷（ㄐㄩㄢˋ）乎！狂者進取，狷者有所不為也。」

〈白話〉
孔子說：「找不到行為適中的人來交往，就一定要找到志向高遠或潔身自愛的人。志向高遠的人奮發上進，潔身自愛的人有所不為。」

〈解讀〉
① 中行：行為適中的人，文質彬彬，進退有節，有所為也有所不為。狂與狷也許與性格有關，中行則非高度修養不可。參照「狂簡」〈5‧21〉。

〈13‧22〉
子曰：「南人有言曰：『人而無恆，不可以作巫醫。』善夫！『不恆其德，或承之羞。』」子曰：「不占而已矣。」

〈白話〉
孔子說：「南方人有一句話：『一個人沒有恆心的話，連巫醫也治不好他的病。』這句話說得好！《易經‧恆卦》的爻辭說：『實踐德行缺乏恆心，常常會招來羞辱。』孔子說：「不靠占卜也可以知道了。」

〈解讀〉
① 巫醫：古代醫生之稱。作巫醫，找巫醫來治病。無恆的人沒有耐心服

藥，醫師也將無可奈何。孔安國注：「言巫醫不能治無恆之人。」

② 不占：不但巫醫幫不上忙，占卜也使不上力，看來羞辱是難以避免了。

③ 強調「有恆」，參考〈7．26〉。

④ 有關《易經》，亦見〈7．17〉。本書引文為恆卦九三的爻辭。

〈13．23〉

子曰：「君子和而不同，小人同而不和。」

〈白話〉

孔子說：「君子協調差異，而不強求一致；小人強求一致，而不協調差異。」

〈解讀〉

① 和：如調味與調音，差異中有原則，可以互相包容與欣賞。

② 有關君子與小人的對比，參看〈2．14〉解讀③。

〈13．24〉

子貢問曰：「鄉人皆好之，何如？」子曰：「未可也。」「鄉人皆惡（ㄨˋ）之，何如？」子曰：「未可也；不如鄉人之善者好之，其不善者惡之。」

〈白話〉

子貢請教說：「全鄉的人都喜歡他，這樣的人怎麼樣？」孔子說：「並不可取。」子貢再問：「全鄉的人都討厭他，這樣的人怎麼樣？」孔子說：「也不可取。比較可取的是全鄉的好人都喜歡他，壞人都討厭他。」

〈解讀〉

① 善者：泛稱好人，在古代人口較少流動時，也許一鄉之人可以大略分

為善者與不善者。本章重點是：不必想要討好每一個人，但須堅持行善。

② 子貢的問題代表兩個極端，而孔子則秉持中庸之道，又能以善為依歸。

〈13‧25〉

子曰：「君子易事而難說（ㄩㄝˋ）也。說之不以道，不說也；及其使人也，器之。小人難事而易說也。說之雖不以道，說也；及其使人也，求備焉。」

〈白話〉

孔子說：「君子容易服侍而很難討好。不依正當途徑去討好，他不會高興；但是等到用人時，他會按照才幹去任命。小人很難服侍而容易討好。不依正當途徑去討好，他也會高興，但是等到用人時，他會全面要求、百般挑剔。」

〈解讀〉

① 事：服侍。此處的君子與小人是指德行修養而言，因為二者顯然皆在上位，猶如今日所謂的老闆或長官。當然我們也可以由行事作風去判斷君子與小人。參看〈18‧10〉「無求備於一人」。

② 有關君子與小人的對比，參看〈2‧14〉解讀③。

〈13‧26〉

子曰：「君子泰而不驕，小人驕而不泰。」

〈白話〉

孔子說：「君子舒泰而不驕傲，小人驕傲而不舒泰。」

① 泰：舒泰安詳而自在，因為所求在己，不必向人示威。小人無法舒泰，因為一落單就難過，所以總想向人矜誇。

② 有關君子與小人的對比，參看〈2‧14〉解讀③。

〈13‧27〉
子曰：「剛、毅、木、訥（ㄋㄜˋ），近仁。」

〈白話〉
孔子說：「剛強、果決、樸實、口拙，這樣就接近人生正途了。」

〈解讀〉
① 訥：口拙，說話謹慎而不流利的樣子。參考〈12‧3〉。
② 近仁：接近人生正途。意思是：這四者只是簡明的原則，還須依各人的性格與環境而作調整及應用。

〈13‧28〉
子路問曰：「何如斯可謂之士矣？」子曰：「切切偲（ㄙ）偲，怡怡如也，可謂士矣。朋友切切偲偲，兄弟怡怡。」

〈白話〉
子路請教：「要怎麼樣才可以稱為讀書人呢？」孔子說：「互相切磋勉勵，彼此和睦共處，就可以稱為讀書人了。朋友之間，互相切磋勉勵；兄弟之間，彼此和睦共處。」

〈解讀〉
① 士：指讀書人，在此與從政無關。
② 朋友：對朋友與對兄弟態度不同，這是因為關係不同，情感有別。

〈13‧29〉

子曰：「善人教民七年，亦可以即戎矣。」

〈白話〉

孔子說：「行善的人教導百姓七年之久，應該也可以讓他們拿起武器保家衛國了。」

〈解讀〉

① 善人：善行可以感化百姓，使他們願意保家衛國。七年，表示相當長的時間。如果與子路自認為三年就可以使百姓「有勇」相比〈11‧26〉，可知善行之外還須配合行政能力與人生哲理。

② 善人亦難得一見，參考〈7‧26〉，〈13‧11〉，〈11‧20〉。

〈13‧30〉

子曰：「以不教民戰，是謂棄之。」

〈白話〉

孔子說：「讓沒有受過教育與訓練的百姓去作戰，就等於是遺棄他們。」

〈解讀〉

① 教：配合上一章來看，可知孔子的教民作戰包括忠信禮義與作戰技術。若是不教，則必敗亡，豈不等於白白犧牲百姓？

〈14・1〉
憲問恥。子曰：「邦有道，穀；邦無道，穀，恥也。」「克、伐、怨、欲不行焉，可以為仁矣？」子曰：「可以為難矣，仁則吾不知也。」

〈白話〉
原憲請教什麼是恥辱。孔子說：「國家上軌道，才可做官領俸祿；國家不上軌道而做官領俸祿，就是恥辱。」原憲又問：「好勝、自誇、怨恨、貪婪，這四種毛病都能免除，可以算是行仁嗎？」孔子說：「可以算是困難的事，至於是否算是行仁，我還不能確定。」

〈解讀〉
① 憲：原憲，字子思，參照〈6・5〉。邦有道與無道並非黑白分明，而應就其趨向來看。
② 仁：人生正途不能只列出原則，還須依個人性格與處境去擇善固執，並且不到完美境界，不能作確定的評估。這是孔子一向主張的動態過程的仁觀。參考〈8・13〉。
③ 「克、伐、怨、欲不行焉」，可以化解自我中心的毛病，但還談不上是積極行仁的作為。

〈14・2〉
子曰：「士而懷居，不足以為士矣。」

〈白話〉
孔子說：「讀書人留戀安逸的生活，就沒有資格做個讀書人了。」

〈解讀〉

① 士：讀書人須有志向（士心為志），安逸的生活不是不好，而是不宜留戀。

② 參照〈4‧9〉、〈8‧7〉、〈13‧20〉、〈19‧1〉。

〈14‧3〉

子曰：「邦有道，危言危行；邦無道，危行言孫（ㄒㄩㄣˋ）。」

〈白話〉

孔子說：「國家上軌道，應該說話正直，行為正直；國家不上軌道，應該行為正直，說話委婉。」

〈解讀〉

① 危：正直。正直的言行在社會上自然顯得嚴肅而高峻。本章所指出的差異在於說話，至於行為則須保持正直。

〈14‧4〉

子曰：「有德者必有言，有言者不必有德。仁者必有勇，勇者不必有仁。」

〈白話〉

孔子說：「有德行的人一定能說出有價值的話，說出有價值的話的人卻不一定有德行。行仁的人一定有勇氣，勇敢的人卻不一定能行仁。」

〈解讀〉

① 必：必是涵蓋之意。有言是從有德的體驗而來；勇是從仁的實踐要求而來。反之，則不一定了。

② 德與仁，基於內在的真誠與修養；言與勇，則是外在的具體表現。有內涵者必有正當的言行，反之則未必然。

〈14‧5〉

南宮适（ㄅㄨㄛˋ）問於孔子曰：「羿（一ˋ）善射，奡（ㄠˋ）盪舟，俱不得其死然。禹稷躬稼而有天下。」夫子不答。南宮适出，子曰：「君子哉若人，尚德哉若人！」

〈白話〉

南宮适請教孔子說：「羿擅長射箭，奡精於水上作戰，最後未能壽終正寢。禹與稷親自下田來耕種，最後卻得到了天下。」孔子聽了沒有回答。南宮适退出房間之後，孔子說：「這個人，真是個君子；這個人，真崇尚德行！」

〈解讀〉

① 南宮适：南容。他的問題是尚德不尚力的佐證，所以得到孔子贊許。參照〈5‧1〉、〈11‧6〉。

② 羿：夏代有窮國之君，以善射聞名，後為其徒寒浞（ㄓㄨㄛˊ）所殺。接著，夏代少康中興殺寒浞。

③ 奡：夏代寒浞之子，又名澆。盪舟是描寫水上作戰的狀況。

〈14‧6〉

子曰：「君子而不仁者有矣夫，未有小人而仁者也。」

〈白話〉

孔子說：「君子而做不到擇善固執的例子，是有的；但是從來沒有小人會擇善固執的。」

〈解讀〉

① 仁：人生正途的具體表現是擇善固執。君子立志走在人生正途上，卻未必可以固執到底；小人無志，根本不考慮擇善固執。

② 君子與小人的對比，參看〈2‧14〉解讀③。

〈14‧7〉

子曰：「愛之，能勿勞乎？忠焉，能勿誨乎？」

〈白話〉

孔子說：「愛護一個人，能不讓他勞苦嗎？真誠對待他，能不給他規勸嗎？」

〈解讀〉

① 勞：勞苦之後，才能成長；否則流於溺愛，反而害了他。能有這種遠見與魄力的人並不多見。

② 《論語》未見以「誠」為真誠之用。要說真誠，則「直」與「忠」二字近之。

〈14‧8〉

子曰：「為命，裨（ㄆㄧˊ）諶（ㄔㄣˊ）草創之，世叔討論之，行人子羽修飾之，東里子產潤色之。」

〈白話〉

孔子說：「鄭國要發布外交文件時，先由裨諶擬定文稿，再經世叔推敲斟酌，又由外交官子羽修改調整，最後東里的子產再作潤色完稿的工作。」

〈解讀〉

① 為命：命指外交文件。經由鄭國四位大夫依其專長分工合作才告完成，可見其謹慎與求全的態度。國家大事理當如此。此事應在鄭簡公時。

② 裨諶：又作裨湛，足智多謀，力薦子產為相。

③ 世叔：游吉，繼子產執政。

④ 子羽：公孫揮，「行人」為古代外交官員。

〈14‧9〉

或問子產。子曰：「惠人也。」問子西。曰：「彼哉！彼哉！」問管仲。曰：「人也。奪伯氏駢（ㄆㄧㄢˊ）邑三百，飯疏食，沒齒無怨言。」

〈白話〉

有人請教如何評價子產。孔子說：「他是照顧百姓的人。」再請教如何評價子西。孔子說：「他就是那樣！他就是那樣！」又請教如何評價管仲。孔子說：「他是行仁的人。他分得伯氏的三百戶駢邑，讓伯氏只能吃粗食，但是卻終身沒有抱怨他的話。」

〈解讀〉

① 子西：鄭國的公孫夏，為子產的同宗兄弟，先子產而執政。

② 彼哉：表示無足稱述的意思。

③ 人：與仁通用，在此特別以功業造福百姓而稱之為行仁的人。稍後的篇目（〈14‧16〉、〈14‧17〉）子路與子貢質疑管仲「仁乎」，可能就是來源於此。孔子稱許管仲為仁，理由是他造福百姓因而在「善」的實踐上得到過人的成就。「善」是「人與人之間適當關係之實現」，所以人在政治上或社會上有恩或有功於民，就是行善，亦即達到了人性向善的根本要求。這一觀點在稍後談到管仲時還會提及。

④ 伯氏：齊國大夫，可能因為本身獲罪，加以管仲功大，所以無怨言。在此，孔子並非不知管仲的德行頗有受人爭議之處，參考〈3‧22〉。

〈14‧10〉

子曰：「貧而無怨難，富而無驕易。」

〈白話〉

孔子說：「貧窮而不抱怨，很難做到；富裕而不驕傲，則比較容易。」

〈解讀〉

① 易：雖說容易，也需要修養，否則財大氣粗隨處可見。參看〈1·15〉。

〈14·11〉

子曰：「孟公綽（ㄔㄨㄛˋ）為趙魏老則優，不可以為滕薛大夫。」

〈白話〉

孔子說：「孟公綽擔任晉國趙卿與魏卿的家臣，可以游刃有餘，但是卻沒有辦法擔任滕與薛這些小國的大夫。」

〈解讀〉

① 孟公綽：魯國大夫，據說為人寡欲安詳，參照〈14·12〉。這句話的意思是要依人之才、性安排職位。

② 趙魏：晉國有六卿，趙魏為其中之著者。大國之卿的家臣有時比小國的大夫更容易做。

③ 滕薛：魯國附近的小國。

〈14·12〉

子路問成人。子曰：「若臧武仲之知，公綽之不欲，卞莊子之勇，冉求之藝，文之以禮樂，亦可以為成人矣。」曰：「今之成人者何必然？見利思義，見危授命，久要（一ㄠ）不忘平生之言，亦可以為成人矣。」

〈白話〉

子路請教怎樣才是理想的人。孔子說：「明智像臧武仲，淡泊無欲像孟公綽，勇敢像卞莊子，多才多藝像冉求，再用禮樂來加以文飾，就可以算是理想的人了。」稍後又說：「現在所謂理想的人何必一定要這樣呢？看到利益就想該不該得，遇到危險願意犧牲生命，長期處於窮困也不忘記平生

期許自己的話，就可以算是理想的人了。」

〈解讀〉

① 成人：字面看來是指成年人，引申為成熟的人，潛能充分實現的人、完美的人、成全的人等。這裡譯為理想的人，是就人「應該」努力具備的條件而言。參照〈19‧1〉。

② 臧武仲：魯國大夫臧孫紇。參照〈14‧14〉。

③ 卞莊子：魯國卞邑大夫。孔子列舉魯國的知名人士，各舉其長來組合成「知、不欲，勇、藝」四項條件，再加上禮樂教化，才可稱為成人。各有一偏則不夠理想，由此可見其難。

〈14‧13〉

子問公叔文子於公明賈曰：「信乎，夫子不言，不笑，不取乎？」公明賈對曰：「以告者過也。夫子時然後言，人不厭其言；樂然後笑，人不厭其笑；義然後取，人不厭其取。」子曰：「其然，豈其然乎？」

〈白話〉

孔子向公明賈問到公叔文子，他說：「公叔先生平常不說話，不笑，也不拿取財物，這是真的嗎？」公明賈回答說：「這是傳話的人說得太誇張了。公叔先生在適當的時候才說話，別人不討厭他說話；真正高興了才笑，別人不討厭他笑；應該拿取的財物他才拿取，別人不討厭他拿取。」孔子說：「你說的好，但是真有像你說的那麼好嗎？」

〈解讀〉

① 公叔文子：公孫拔，衛國大夫。

② 公明賈：衛國人。

③ 其然：公明賈的回答遠比傳聞所說的更誇張，所以在肯定他善於回答時，也須持保留態度，這是對人評價的原則之一。

〈14‧14〉

子曰：「臧武仲以防求為後於魯，雖曰不要（一ㄠ）君，吾不信也。」

〈白話〉

孔子說：「臧武仲據有防城時，請求為他的家族在魯國冊立後代。即使他說自己沒有要挾魯君，我是不相信的。」

〈解讀〉

① 防：原是臧武仲受封之邑。本章所述是他逃到齊國前的事。參看〈14‧12〉。

② 為後：冊立後代，為了祭祀先人，保持家業。

〈14‧15〉

子曰：「晉文公譎而不正，齊桓公正而不譎。」

〈白話〉

孔子說：「晉文公善用權謀而不循正途；齊桓公依循正途而不用權謀。」

〈解讀〉

① 晉文公：名重耳（636-628B.C.在位），為春秋五霸（齊桓公、宋襄公、晉文公、秦穆公、楚莊王）之一。他善用權謀，固然是時勢所迫，但亦使風氣每況愈下。

② 齊桓公：名小白（685-643B.C.在位），為五霸之首，猶能循法而行。「正」在此指法或公開的規範而言。當時對齊桓公優於晉文公的評價已經很流行了，孔子認為原因在於齊桓公依循正途。

〈14‧16〉

子路曰：「桓公殺公子糾，召（ㄕㄠˋ）忽死之，管仲不死。」曰：「未仁乎？」子曰：「桓公九合諸侯，不以兵車，管仲之力也。如其仁，如其仁。」

〈白話〉

子路說：「桓公殺了公子糾，召忽為此而自殺，管仲卻仍然活著。」接著又說：「這樣不能算是合乎行仁的要求吧！」孔子說：「齊桓公多次主持諸侯會盟，使天下沒有戰事，都是管仲努力促成的。這就是他的行仁表現！這就是他的行仁表現！」

〈解讀〉

① 公子糾：齊襄公無道被殺，其弟公子糾與小白分別逃往魯國與莒國。召忽與管仲（約725-645B.C.）追隨公子糾，鮑叔牙追隨小白。襄公死後，小白先入齊國，成為齊桓公。這是本章背景。涉及管仲的章節有〈3‧22〉、〈14‧9〉、〈14‧17〉。

② 關於管仲不死，顧炎武《日知錄》說：「君臣之分，所關者在一身。華裔之防，所繫者在天下。故夫子之於管仲，略其不死子糾之罪，而取其一匡九合之功，蓋權衡於大小之間，而以天下為心也。」「裔」為夷狄之總名。道德不離事功，權衡向來不易，所以孔子言君子之道，必以智勇配合仁。

③ 九合：古代以九表示多數，其實會盟有十一次。

④ 如其仁：這就是他的行仁表現。管仲以外交手段化解了征伐殺戮，以一人之力造福百姓。他的努力使齊國百姓安頓，進而使天下人安頓，他與眾人之間的適當關係得以實現，無異於行了大善，所以稱許他以此行仁。若不由「善是人與人之間的適當關係之實現」去理解，並且以「人性向善」為前提，則無法明白孔子之意。

〈14・17〉

子貢曰：「管仲非仁者與（ㄩˊ）？桓公殺公子糾，不能死，又相（ㄒㄧㄤˋ）之。」子曰：「管仲相桓公，霸諸侯，一匡天下，民到於今受其賜。微管仲，吾其被（ㄆㄧ）髮左衽矣。豈若匹夫匹婦之為諒也，自經於溝瀆而莫之知也？」

〈白話〉

子貢說：「管仲不算行仁的人吧？桓公殺了公子糾，他不但沒有以身殉難，還去輔佐桓公。」孔子說：「管仲輔佐桓公，稱霸諸侯，一舉而使天下得到匡正，百姓到今天還在承受他的恩惠。如果沒有管仲，我們可能已經淪為夷狄，披頭散髮，穿著左邊開口的衣襟了。他難道應該像堅守小信的平凡人一樣，在山溝中自殺，死了還沒有人知道嗎？」

〈解讀〉

① 匹夫匹婦：平凡的百姓，世間一般男女。「諒」是小信，責怪管仲的人見小不見大，不知道珍惜生命以實現更高的價值。孔子當然不是鼓勵苟且偷生，而是主張應該分辨「為了什麼而死」，是為了國家還是為了自己擁護的政治領袖？國家與百姓顯然更為重要。若是未死，則當努力保國衛民，以證明自己的志節。《管子·大匡》這麼說：「夷吾之所死者，社稷破，宗廟滅，祭祀絕，則死之。非此三者，則夷吾生。夷吾生，則齊國利，夷吾死，則齊國不利。」

② 莫之知：孔子肯定「為人所知」的意義，但是應該以行仁而為人所知〈4·5〉，至於如何算是行仁，則看個人存心及後續努力。從古至今，判斷別人皆大不易。

〈14・18〉

公叔文子之臣大夫僎（ㄓㄨㄢˋ）與文子同升諸公。子聞之曰：「可以為『文』矣。」

〈白話〉

公叔文子的家大夫僎，由於文子的推薦升任朝廷大夫，一起為國服務。孔子聽到了這件事，說：「這就可以諡為『文』了。」

〈解讀〉

① 文：《逸周書·諡法解》的「文」有六個類別：「經緯天地、道德博厚、學勤好問，慈惠愛民，愍民惠禮，錫民爵位。」公叔文子所做的是「錫民爵位」。他的心胸值得學習。參照〈5·14〉。

〈14·19〉

子言衛靈公之無道也。康子曰：「夫（ㄈㄨˊ）如是，奚而不喪？」孔子曰：「仲叔圉（ㄩˇ）治賓客，祝鮀（ㄊㄨㄛˊ）治宗廟，王孫賈治軍旅。夫如是，奚其喪？」

〈白話〉

孔子談到衛靈公種種偏差的作為。季康子說：「既然如此，為什麼他還不敗亡？」孔子說：「他有仲叔圉負責外交，祝鮀掌管祭祀，王孫賈統率軍隊。能夠如此，怎麼會敗亡？」

〈解讀〉

① 仲叔圉：孔文子，參照〈5·14〉。祝鮀，參照〈6·16〉。王孫賈，參照〈3·13〉。這三人各有專長，而衛靈公用人得宜，所以可保安定。無道與敗亡之間，還有緩衝餘地，因為政治也要靠人才。

〈14·20〉

子曰：「其言之不怍（ㄗㄨㄛˋ），則為之也難。」

〈白話〉

孔子說：「輕易開口而不覺慚愧的，做起來一定不容易。」

① 怍：慚愧狀。本章在勸人慎言，而不是要人大言不慚。

〈14‧21〉

陳成子弒（ㄕˋ）簡公。孔子沐浴而朝，告於哀公曰：「陳恆弒其
君，請討之。」公曰：「告夫三子！」孔子曰：「以吾從大夫之
後，不敢不告也。君曰：『告夫三子』者！」之三子告，不可。孔
子曰：「以吾從大夫之後，不敢不告也。」

〈白話〉

陳成子殺了齊簡公。孔子齋戒沐浴之後，上朝向魯哀公報告：「陳恆殺了
他的君主，請您出兵討伐。」哀公說：「你去向三卿報告吧！」孔子退了
下來，說：「因為我曾擔任大夫，不敢不來報告啊。君主卻對我說：『去
向三卿報告吧！』」孔子去向三卿報告，但是他的建議沒有得到採納。孔
子說：「因為我曾擔任大夫，不敢不來報告啊。」

〈解讀〉

① 陳成子：陳恆，齊國大夫。弒君之事發生在魯哀公十四年，時年孔子
　 七十一歲。陳恆又名田常，其曾孫田和篡齊為諸侯。姜太公之後代至
　 齊康公而止，共傳二十四世。
② 齊簡公：齊君，名壬。
③ 三子：三卿，就是季孫、叔孫、仲孫。春秋時代，尚為周朝天下，一
　 國有篡逆之事，各國可以出兵聲討。所以，孔子並非多管閒事。

〈14‧22〉

子路問事君。子曰：「勿欺也，而犯之。」

〈白話〉

子路請教如何服侍君主。孔子說：「不要欺騙他，還要直言進諫。」

〈解讀〉

① 勿：先說「勿」，是指消極的不要怎麼做；接著再說的，就是積極的
　　要怎麼做了。這種先退後進的說法兼顧兩面，表現了高度的思辨水
　　準。

〈14・23〉

子曰：「君子上達，小人下達。」

〈白話〉

孔子說：「君子不斷上進，實踐道義；小人放縱欲望，追求利益。」

〈解讀〉

① 上：上下之分界，顯示人生應有目標與理想。不上則下，不進則退。
　　君子與小人的根本區別在於君子求義而小人逐利，所以譯文加上這項
　　內容。

〈14・24〉

子曰：「古之學者為（ㄨㄟˋ）己，今之學者為人。」

〈白話〉

孔子說：「古代的學者認真修養自己，現在的學者一心想要炫耀。」

〈解讀〉

① 古：孔子時代的古今，在今天都算古代了。當時的學者已經有「為
　　人」的缺點，更何況現代？為己與為人，若能分辨本末，未必不可兼
　　顧。參考「君子求諸己，小人求諸人。」〈15・21〉。

〈14・25〉

蘧（ㄑㄩˊ）伯玉使人於孔子。孔子與之坐而問焉，曰：「夫子何為？」對曰：「夫子欲寡其過而未能也。」使者出。子曰：「使乎！使乎！」

〈白話〉

蘧伯玉派人向孔子問候。孔子請他坐下談話，說：「蘧先生近來做些什麼？」他回答說：「蘧先生想要減少過錯卻還沒有辦法做到。」這位使者離開後，孔子說：「好一位使者！好一位使者！」

〈解讀〉

① 蘧伯玉：名瑗，衛國大夫。為孔子好友，孔子居衛時，曾住過他家。他的態度是「不求有功，但求無過。」處於世衰道微的情況下，守身而已。參看〈15・7〉。

〈14・26〉

子曰：「不在其位，不謀其政。」曾子曰：「君子思不出其位。」

〈白話〉

孔子說：「不是擔任某一職位，就不去設想那個職位的業務。」曾子說：「君子的思慮以他自己的職位為範圍。」

〈解讀〉

① 位：職務與責任。推而至於人生的各種狀況，皆應專心以對。
② 本章前半段已見於〈8・14〉。曾子之語可對照《易經》艮卦象傳之「兼山艮，君子以思不出其位。」

〈14‧27〉

子曰：「君子恥其言而過其行。」

〈白話〉

孔子說：「君子認為自己如果說得多而做得少，是一件可恥的事。」

〈解讀〉

① 恥：謹言慎行，即可免於這種恥辱。

〈14‧28〉

子曰：「君子道者三，我無能焉：仁者不憂，知（ㄓˋ）者不惑，勇者不懼。」子貢曰：「夫子自道也。」

〈白話〉

孔子說：「君子所嚮往的三種境界，我還沒有辦法達到：行仁的人不憂慮，明智的人不迷惑，勇敢的人不懼怕。」子貢說：「這是老師對自己的描述啊。」

〈解讀〉

① 道：路也，引申為由遵行一定途徑所達成的結果，可譯為風格或境界。參看〈9‧29〉。

② 關於君子之道的不同說法，參看〈5‧15〉。

〈14‧29〉

子貢方人。子曰：「賜也賢乎哉？夫（ㄈㄨˊ）我則不暇。」

〈白話〉

子貢評論別人的優劣。孔子說：「賜已經很傑出了嗎？要是我，就沒有這麼空閒。」

① 賢：傑出。孔子對子貢鼓勵多於責怪，並且以身作則。子貢對老師也
　有所評論，參看〈15‧3〉。

〈14‧30〉

子曰：「不患人之不己知，患其不能也。」

〈白話〉

孔子說：「不擔心別人不了解自己，只擔心自己沒有能力。」

〈解讀〉

① 患：注意力放在自己身上，早作準備，以免有機會時，自己能力不
　足。
② 對照〈1‧1〉，〈1‧16〉，〈4‧14〉，〈15‧19〉。

〈14‧31〉

子曰：「不逆詐，不億不信，抑亦先覺者，是賢乎！」

〈白話〉

孔子說：「不先懷疑別人將會欺騙，也不猜測別人將會失信，但是又能及
早發覺這些狀況，這樣的人真是傑出啊！」

〈解讀〉

① 覺：心中如有明鏡，可以照見別人的意圖，但是又不妄加猜想，總是
　給人機會及時改正。知人之明的巧妙，於此可見。

〈14‧32〉

微生畝謂孔子曰：「丘何為是栖（ㄑㄧ）栖者與？無乃為佞乎？」孔
子曰：「非敢為佞也，疾固也。」

〈白話〉

微生畝對孔子說：「你這樣修飾威儀是為了什麼？該不是為了討好別人吧？」孔子說：「我不敢想要討好別人，只是厭惡固陋而已。」

〈解讀〉

① 微生畝：姓微生，名畝。他直呼孔子的名字，可能年齡較長。姓微生者，另有一人，參看〈5‧23〉。

② 栖栖：或曰濟濟，修飾威儀，推廣禮樂教化的意思。也有人解為「奔走忙碌」，但是這與「佞」及「疾固」的關係比較間接。若解為教化，則與固陋可以相對應。

〈14‧33〉

子曰：「驥不稱其力，稱其德也。」

〈白話〉

孔子說：「千里馬稱為驥，不是贊美牠的力氣，而是贊美牠的風格。」

〈解讀〉

① 德：在人為德行、操守或作風。在馬則是天生的優雅姿態或風格，譬如，能善用力氣，奔馳千里，即是馬的風格。

〈14‧34〉

或曰：「以德報怨，何如？」子曰：「何以報德？以直報怨，以德報德。」

〈白話〉

有人說：「以恩惠來回應怨恨，這樣如何？」孔子說：「那麼要以什麼來回應恩惠呢？應該以正直來回應怨恨，以恩惠來回應恩惠。」

〈解讀〉

① 以德報怨：亦見《老子·六十三章》：「大小多少，報怨以德。」意思是：別人對我不好，我也要對他好。不過，久而久之，可能沒有人願意對我好了。孔子當然反對「以怨報怨」，而是主張「以直報怨」。這是孔子與老子人生哲學上的分辨之一。

② 直為正直，但須以內心真誠為基礎。《論語》中的「直」字皆有「真誠而正直」之意。

〈14·35〉

子曰：「莫我知也夫！」子貢曰：「何為其莫知子也？」子曰：「不怨天，不尤人，下學而上達，知我者其天乎！」

〈白話〉

孔子說：「沒有人了解我啊！」子貢說：「為什麼沒有人了解老師呢？」孔子說：「不怨恨天，不責怪人，廣泛學習世間的知識，進而領悟深奧的道理，了解我的，大概只有天吧！」

〈解讀〉

① 天：人的命運與使命皆可以推源於天，所以對天才有「怨與不怨」的可能性。其次，孔子心目中的天，無疑是可以「了解」他的。參考〈11·9〉解讀②。

② 下學：下學使人接近不惑，上達助人得知天命。

③ 孔子感嘆沒有人了解他，參照〈14·39〉。

〈14·36〉

公伯寮（ㄌㄧㄠˊ）愬（ㄙㄨˋ）子路於季孫。子服景伯以告，曰：「夫子固有惑志於公伯寮，吾力猶能肆諸市朝。」子曰：「道之將行也與，命也；道之將廢也與，命也。公伯寮其如命何！」

〈白話〉

公伯寮在季孫面前毀謗子路。子服景伯告訴孔子這件事，說：「季卿的想法已經被公伯寮所迷惑了，不過現在我還有能力對付他，讓他的屍首在街頭示眾。」孔子說：「政治理想果真實現的話，那是命運在決定；政治理想最後幻滅的話，那也是命運在決定。公伯寮怎麼能左右命運呢？」

〈解讀〉

① 公伯寮：姓公伯，名寮，魯國人。

② 子服景伯：子服何，魯國大夫，為孟孫家族的人，所以自認為有些勢力。

③ 道：國家應行之路，引申為政治理想。

④ 命：命運，由各種條件所組成的形勢，常常使人莫可奈何。參看〈6·10〉，〈12·5〉。

〈14·37〉

子曰：「賢者辟（ㄅㄧˋ）世，其次辟地，其次辟色，其次辟言。」
子曰：「作者七人矣。」

〈白話〉

孔子說：「傑出的人才避開污濁的天下，也有的避開混亂的社會，再有的避開醜陋的嘴臉，還有的避開無禮的言語。」孔子又說：「這樣做的人已經有七位了。」

〈解讀〉

① 辟世：天下污濁，要避開就隱居起來；社會混亂，則不妨遷居他處；然後依此推知辟色與辟言。這四種作法，決定於時代與環境，也決定於個人的容忍程度。

② 七人：如果參考〈18·8〉所謂的「逸民」，則七人為「伯夷、叔齊、虞仲、夷逸、朱張、柳下惠、少連」。

〈14 · 38〉

子路宿於石門。晨門曰：「奚自？」子路曰：「自孔氏。」曰：「是知其不可而為之者與？」

〈白話〉

子路在石門過了一夜。第二天清早入城，守門者問：「從哪裡來的？」子路說：「從孔家來的。」守門者說：「就是那位知道行不通還一定要去做的人嗎？」

〈解讀〉

① 石門：魯城的外門，晨門是守門者。他對孔子的評語，充分顯示出孔子的志節。

② 孔氏：孔子是魯城中人，當時可能任司寇之職，識者已多，不必詳說其名。

〈14 · 39〉

子擊磬（ㄑㄧㄥˋ）於衛，有荷（ㄏㄜˋ）蕢（ㄎㄨㄟˋ）而過孔氏之門者，曰：「有心哉，擊磬乎！」既而曰：「鄙哉，硜（ㄎㄥ）硜乎？莫己知也，斯己而已矣。『深則厲，淺則揭（ㄑㄧˋ）。』」子曰：「果哉！末之難矣。」

〈白話〉

孔子留居衛國時，某日正在擊磬，有一個挑著草筐的人從門前經過，說：「磬聲裡面含有深意啊！」停了一下，又說：「聲音硜硜的，太執著了！沒有人了解自己，就堅持自己的信念罷了。所謂『水深的話，穿著衣裳走過去；水淺的話，撩起衣裳走過去。』」孔子說：「有這種堅決棄世之心，就沒有什麼困難了。」

〈解讀〉

① 荷蕢者：一聽磬聲就知道是有心人在彈奏，可見智慧不低，只可惜他與孔子「道不同，不相為謀。」〈15·40〉另外，孔子確實自認為沒有人了解他〈14·35〉。

② 深則厲：這兩句見《詩·邶風·匏有苦葉》。

〈14·40〉

子張曰：「《書》云：『高宗諒（ㄌㄧㄤˋ）陰（ㄢ），三年不言。』何謂也？」子曰：「何必高宗，古之人皆然。君薨（ㄏㄨㄥ），百官總己以聽於冢（ㄓㄨㄥˇ）宰三年。」

〈白話〉

子張說：「《書經》上說：『殷高宗守孝時，住在守喪的屋子，三年不說話。』這是什麼意思呢？」孔子說：「不只是殷高宗，古人也都這樣。國君死了，新君三年不問政治，所有的官員各居其職，聽命於宰相。」

〈解讀〉

① 高宗：殷高宗，武丁。引文出自《尚書·無逸》。

② 諒陰：王船山《讀通鑑論》（晉六）：「諒闇者，梁菴也，有梁無柱，茅苫垂地之廬也。」守喪時所住的屋子，又稱凶廬。

〈14·41〉

子曰：「上好（ㄏㄠˋ）禮，則民易使也。」

〈白話〉

孔子說：「政治領袖愛好禮制，百姓就容易接受指揮。」

〈解讀〉

① 禮：禮儀與規範，足以保障社會的秩序。社會穩定，百姓也樂於聽命。

〈14．42〉

子路問君子。子曰：「修己以敬。」曰：「如斯而已乎？」曰：
「修己以安人。」曰：「如斯而已乎？」曰：「修己以安百姓。修
己以安百姓，堯舜其猶病諸！」

〈白話〉

子路請教怎樣才是君子。孔子說：「修養自己，從而能認真謹慎地面對一
切。」子路再問：「這樣就夠了嗎？」孔子說：「修養自己，從而能安頓
四周的人。」子路又問：這樣就夠了嗎？孔子說：「修養自己，從而能
安頓所有的百姓。修養自己，從而能安頓所有的百姓，堯舜也會覺得這是
很難做到的事啊！」

〈解讀〉

① 君子：理想人格的代稱。最高目標是「修己以安百姓」，可見個人與
　　群體的關係是孔子的思想重點。

② 「堯舜其猶病諸」一語亦見於〈6．30〉。

〈14．43〉

原壤夷俟（ㄙˋ）。子曰：「幼而不孫（ㄒㄩㄣˋ）弟，長（ㄓㄤˇ）而無
述焉，老而不死，是為賊。」以杖扣其脛（ㄐㄧㄥˋ）。

〈白話〉

原壤伸開兩腿坐在地上，等候孔子來。孔子說：「你年少時不謙遜也不友
愛，長大了沒有什麼值得傳述的貢獻，現在這麼老了還不死，真是傷害了
做人的道理。」說完，用拐杖敲他的小腿。

〈解讀〉

① 原壤：孔子的舊友，性格與作風都與孔子大不相同。夷俟：箕踞等
　　待。

② 賊：傷害，指其作為將傷害做人的道理，因為他立下了錯誤的示範。

〈14．44〉

闕黨童子將命。或問之曰：「益者與？」子曰：「吾見其居於位也，見其與先生並行也。非求益者也，欲速成者也。」

〈白話〉

闕黨的一個少年來傳達信息。有人談到他，就問：「他是肯求上進的人嗎？」孔子說：「我看他坐在大人的位子上，又見他與長輩並肩而行。這不是一個想求上進的人，而是一個想走捷徑的人。」

〈解讀〉

① 闕黨：孔子在魯國所居之地，即今之曲阜闕里。童子是未滿十五歲的人，應該虛心受教，努力上進。

〈15‧1〉

衛靈公問陳（ㄓㄣˋ）於孔子。孔子對曰：「俎（ㄗㄨˇ）豆之事，則嘗聞之矣；軍旅之事，未之學也。」明日遂行。

〈白話〉

衛靈公向孔子詢問有關作戰布陣的方法。孔子回答說：「禮儀方面的事，我是曾經聽說過的；軍隊方面的事，卻不曾學習過。」第二天他就離開了衛國。

〈解讀〉

① 陳：通「陣」，為布陣之意。

② 俎豆：古代祭祀時，用以盛食物的兩種器皿，此處用以代表「禮儀」。

③ 此事發生於魯哀公元年，時年孔子五十八歲。

〈15‧2〉

在陳絕糧，從（ㄗㄨㄥˋ）者病，莫能興。子路慍見曰：「君子亦有窮乎？」子曰：「君子固窮，小人窮斯濫矣。」

〈白話〉

孔子在陳國沒有糧食充飢，跟隨他的人病倒了，沒有辦法起床。子路帶著怒氣來見孔子，說：「君子也有走投無路的時候嗎？」孔子說：「君子走投無路時，仍然堅持原則；換了是小人，就胡作非為了。」

〈解讀〉

① 孔子周遊列國時，曾在陳國居住三年，後來準備遷往蔡國時，被困在

陳蔡之間，就是所謂的「陳蔡之阨」。此事發生於魯哀公六年，時年孔子六十三歲。

② 小人：孔子並不是教訓子路，而是說明一般的道理。君子與小人的對比，參看〈2‧14〉解讀③。

〈15‧3〉

子曰：「賜也，女（ㄖㄨˇ）以予為多學而識（ㄓˋ）之者與？」對曰：「然，非與？」曰：「非也，予一以貫之。」

〈白話〉

孔子說：「賜，你以為我是廣泛學習並且記住各種知識的人嗎？」子貢回答說：「是啊，難道不是這樣嗎？」孔子說：「不是的，我用一個中心思想來貫穿所有的知識。」

〈解讀〉

① 多學而識之：這是子貢對孔子的觀察，而孔子認為自己不僅如此而已，還須加上「一以貫之」的原則。

② 一以貫之：在此是針對「多學而識之」所說的，表示孔子有一個中心思想。這個中心思想是「仁」，亦即他的一切知識都環繞著「人之性、人之道、人之成」而展開。參考〈4‧15〉的「解讀」部分。

〈15‧4〉

子曰：「由，知德者鮮矣。」

〈白話〉

孔子說：「由，了解德行修養的意義的人很少啊！」

〈解讀〉

① 德：在此指「德行修養的意義」而言。人生不能離開德行修養，所以

孔子會說：「據於德」〈7‧6〉，並且以「德之不修」〈7‧3〉為自己最關心的事。由此亦可知，在肯定人性向善之後，還須一生努力修德。

〈15‧5〉
子曰：「無為而治者其舜也與！夫何為哉？恭己正南面而已矣。」

〈白話〉
孔子說：「無所事事而治好天下的人，大概就是舜吧！他做了什麼呢？只是以端莊恭敬的態度坐在王位上罷了。」

〈解讀〉
① 無為而治：這也是道家老子的思想，但是差別在於：孔子所強調的是「恭己正南面」，亦即端坐在面向南方的王位上，有修德與盡職的責任，知人善任，分層負責，而不是真正無所事事。參考〈2‧1〉、〈8‧18〉。
② 「恭己」為「使己恭」之簡寫，討論可參考〈12‧1〉解讀②。

〈15‧6〉
子張問行。子曰：「言忠信，行篤敬，雖蠻貊（ㄇㄛˋ）之邦，行矣。言不忠信，行不篤敬，雖州里，行乎哉？立則見其參（ㄘㄢ）於前也，在輿（ㄩˊ）則見其倚於衡也，夫然後行。」子張書諸紳。

〈白話〉
子張請教怎樣可以行得通。孔子說：「說話真誠而守信，做事踏實而認真，即使到了南蠻北狄這些外邦，也可以行得通。說話不誠而無信，做事虛浮而草率，即使在自己本鄉本土，難道可以行得通嗎？站著的時候，要好像看到這幾個字排列在眼前；坐在車中，要好像看到這幾個字展示在橫木上。這樣才能夠行得通。」子張把這句話寫在衣帶上。

① 蠻貊之邦：古代以華夏文明為中國，把四周的東夷、西戎、南蠻、北
狄當做文化落後地區。我們現在不以先進與落後來判斷不同的文化，
但是依然可以肯定這句話是放諸四海而皆準的。

② 州里：州是二千五百家，里是二十五家，州里連用泛指本鄉本土。

〈15．7〉

子曰：「直哉史魚！邦有道，如矢；邦無道，如矢。君子哉蘧伯
玉！邦有道，則仕；邦無道，則可卷（ㄐㄩㄢˇ）而懷之。」

〈白話〉

孔子說：「真是正直啊，史魚這個人！政治上軌道時，言行像箭一樣直；
政治不上軌道時，言行也像箭一樣直。真是君子啊，蘧伯玉這個人！政治
上軌道時，出來做官，政治不上軌道時，可以安然地隱藏自己。」

〈解讀〉

① 史魚：衛國大夫史鰌，字子魚。他至死都不忘勸諫衛靈公，希望他重
用蘧伯玉而遠離彌子瑕。

② 蘧伯玉：見〈14．25〉。

〈15．8〉

子曰：「可與言而不與之言，失人；不可與言而與之言，失言。知
（ㄓˋ）者不失人，亦不失言。」

〈白話〉

孔子說：「可以同他談話卻不去同他談話，這樣就錯過了人才；不可以同
他談話卻去同他談話，這樣就浪費了言詞。明智的人既不錯過人才，也不
浪費言詞。」

① 知者：言為心聲，所以要由知言進而知人，所謂「不知言，無以知人也」〈20‧3〉。能知言，才能結交益友，互相啟迪；也才能分辨損友，潔身自愛。說話是人們溝通思想與情意的主要媒介，知者怎能不用心於此？孔子的學生中，有「言語」一科，值得我們注意。

〈15‧9〉

子曰：「志士仁人，無求生以害仁，有殺身以成仁。」

〈白話〉

孔子說：「有志者與行仁者，不會為了活命而背棄人生理想，卻肯犧牲生命來成全人生理想。」

〈解讀〉

① 志士仁人：類似的用語都有「正在朝某一目標努力」之意，顯示人生是動態開展的。

② 仁：人生理想，亦即「人之成」。因此，表面看來是「殺身」而其實卻是「成仁」，表示仁是人的至高目標。孟子後來說「舍生取義」，也是同樣的意思，都是肯定人生應以實踐道義為首要關懷。參照〈8‧13〉、〈15‧35〉、〈4‧8〉。

〈15‧10〉

子貢問為仁。子曰：「工欲善其事，必先利其器。居是邦也，事其大夫之賢者，友其士之仁者。」

〈白話〉

子貢請教怎樣走上人生正途。孔子說：「工人想要做好他的工作，一定要先磨利他的器具。你住在一個國家，要侍奉大夫之中賢良卓越的，並且要結交士人之中努力行仁的。」

〈解讀〉

① 為仁：這是就方法而言，意思是：怎樣走上人生正途。

② 仁者：賢者已有明確的卓越表現，仁者則是朝著仁的目標努力。兩者
　　應該都有大家公認的具體事蹟，否則我們如何判斷？

〈15‧11〉

顏淵問為邦。子曰：「行夏之時，乘殷之輅（ㄌㄨˋ），服周之冕，
樂則《韶》、《舞》。放鄭聲，遠（ㄩㄢˋ）佞人。鄭聲淫，佞人
殆。」

〈白話〉

顏淵請教治理國家的辦法。孔子說：「依循夏朝的曆法，乘坐殷朝的車
子，戴著周朝的禮帽，音樂就採用《韶》與《武》。排除鄭國的樂曲，遠
離阿諛的小人。鄭國的樂曲是靡靡之音，阿諛的小人會帶來危險。」

〈解讀〉

① 夏：夏朝曆法以農曆正月為一月，合乎四季的自然規律。

② 殷：殷朝的車子既實用又簡樸，是合宜的交通工具。

③ 《韶》、《舞》：《韶》是舜時的音樂；《舞》與《武》通用，是周
　　武王時的音樂。參考〈3‧25〉。

④ 鄭聲：指鄭國的樂曲，與《詩經》中的《鄭詩》無關。

〈15‧12〉

子曰：「人無遠慮，必有近憂。」

〈白話〉

孔子說：「一個人不作長遠的考慮，一定會有很快就來到的煩惱。」

〈解讀〉

① 遠：遠與近指時間而言，但是未必指同一件事。譬如，政治領袖沒有
　　長遠的規畫，社會問題就會層出不窮，使他煩惱不已。

〈15．13〉

子曰：「已矣乎！吾未見好德如好色者也。」

〈白話〉

孔子說：「算了吧！我不曾見過愛好德行像愛好美色的人。」

〈解讀〉

① 本章已見於〈9．18〉。

〈15．14〉

子曰：「臧文仲其竊位者與！知柳下惠之賢而不與立也。」

〈白話〉

孔子說：「臧文仲是個做官不負責的人吧！他明知柳下惠有卓越才德卻不
給他適當的官位。」

〈解讀〉

① 臧文仲：魯國大夫臧孫辰，歷仕魯國莊公、閔公、僖公、文公四朝。
　　參照〈5．17〉。

② 柳下惠：魯國賢者展獲，字禽，又名展季。「柳下」是描寫所居之
　　處，「惠」是死後由妻子給他的諡號。參照〈18．2〉。

〈15．15〉

子曰：「躬自厚而薄責於人，則遠怨矣。」

〈白話〉

孔子說：「責備自己多而責備別人少，就可以遠離怨恨了。」

〈解讀〉

① 躬自厚：躬自是指對自己而言，厚是「厚責」的省略。參看〈4·
　12〉。

〈15·16〉

子曰：「不曰『如之何，如之何』者，吾末如之何也已矣。」

〈白話〉

孔子說：「不說『怎麼辦，怎麼辦』來提醒自己的人，我對他也不知道怎
麼辦才好。」

〈解讀〉

① 如之何：謹慎思考，以求言行合宜。孔子另有無可奈何的人，參照
　〈9·24〉。

〈15·17〉

子曰：「群居終日，言不及義，好行小慧，難矣哉！」

〈白話〉

孔子說：「一群人整天相處在一起，說的是無關道義的話，又喜歡賣弄小
聰明，實在很難走上人生正途！」

〈解讀〉

① 義：道義，就是人生的「應該」，如原則與理想。
② 難：表面看來，這樣的生活很容易，而其實卻難以走上正道。參照
　〈17·22〉。

〈15‧18〉

子曰：「君子義以為質，禮以行之，孫（ㄒㄩㄣˋ）以出之，信以成之。君子哉！」

〈白話〉

孔子說：「君子以道義為內心堅持的原則，然後依合禮的方式去實踐，用謙遜的言詞說出來，再以誠信的態度去完成。這樣做，真是個君子啊！」

〈解讀〉

① 義：君子所堅持的原則是義。至於義的具體內容，則須依個別情況而定，所以要接著談到禮、孫、信等方法。參照〈17‧23〉。

〈15‧19〉

子曰：「君子病無能焉，不病人之不己知也。」

〈白話〉

孔子說：「君子責怪自己沒有能力，不責怪別人不了解自己。」

〈解讀〉

① 本章可參考〈1‧1〉，〈1‧16〉，〈4‧14〉，〈14‧30〉。

〈15‧20〉

子曰：「君子疾沒（ㄇㄛˋ）世而名不稱焉。」

〈白話〉

孔子說：「君子引以為憾的是：臨到死時，沒有好名聲讓人稱述。」

〈解讀〉

① 名：孔子說過「君子去仁，惡乎成名？」〈4‧5〉可見君子須以仁成

名。名隨實而來，所以要把握有生之年努力行仁。

〈15．21〉
子曰：「君子求諸己，小人求諸人。」

〈白話〉
孔子說：「君子要求的是自己，小人要求的是別人。」

〈解讀〉
① 求：有要求、期待、責成之意。一念之間，已可分出高下。對照〈14．24〉
② 君子與小人的對比，參看〈2．14〉解讀③。

〈15．22〉
子曰：「君子矜而不爭，群而不黨。」

〈白話〉
孔子說：「君子自重而不與人爭鬥，合群而不成幫結派。」

〈解讀〉
① 黨：因為私誼而罔顧公義。自古至今，能做到群而不黨的，實在很少。

〈15．23〉
子曰：「君子不以言舉人，不以人廢言。」

〈白話〉
孔子說：「君子不因為一個人話說得好就提拔他，也不因為一個人操守不好就漠視他的話。」

〈解讀〉

① 言：孔子認為「有言者不必有德」〈14‧4〉，能說善道的人未必有真正的德行與本事。至於素行不佳者，也未必不能說出有價值的話。

〈15‧24〉

子貢問曰：「有一言而可以終身行之者乎？」子曰：「其恕乎！己所不欲，勿施於人。」

〈白話〉

子貢請教：「有沒有一個字可以讓人終身奉行的呢？」孔子說：「應該是『恕』吧！自己所不想要的一切，就不去加在別人身上。」

〈解讀〉

① 一言：一字，有如以一字為座右銘。
② 恕：如心為恕，設身處地為別人著想，正是維持人際和諧的上策。「己所不欲，勿施於人」是舉世皆知的孔子金律。參照〈5‧11〉、〈12‧2〉。

〈15‧25〉

子曰：「吾之於人也，誰毀誰譽？如有所譽者，其有所試矣。斯民也，三代之所以直道而行也。」

〈白話〉

孔子說：「我對於別人，曾經貶抑了誰又稱贊了誰？如果是我稱贊的，一定經過了某些檢驗。同樣都是百姓，夏商周三代的人就是以這種方法坦然走在正路上啊。」

〈解讀〉

① 直：經過檢驗之後，才表示評價，這就是直。直有「真誠」與「直

率」之意，是人性自然的要求，所以孔子說：「人之生也直。」〈6‧
19〉

〈15‧26〉
子曰：「吾猶及史之闕文也。有馬者借人乘之，今亡（ㄨˊ）矣
夫！」

〈白話〉
孔子說：「我還能看到史書裡存疑的地方。就像有馬的人自己不騎就借給
別人騎一樣。現在看不到這種情形了！」

〈解讀〉
① 有馬者：這一句是比喻，表示撰寫史書的人寧可存疑也不妄加猜測，
　 要等待賢者來提供證據。

〈15‧27〉
子曰：「巧言亂德。小不忍則亂大謀。」

〈白話〉
孔子說：「動聽的言語足以混淆道德判斷。小事情不能忍耐，就會攪亂大
的計畫。」

〈解讀〉
① 德：德行修養。在此與「言」相對，所以指道德判斷。譬如，有人可
　 以靠口舌顛倒黑白是非。

〈15‧28〉

子曰：「眾惡（ㄨˋ）之，必察焉；眾好（ㄏㄠˋ）之，必察焉。」

〈白話〉

孔子說：「大家討厭的人，我們一定要仔細考察才作判斷；大家喜歡的人，我們也一定要仔細考察才作判斷。」

〈解讀〉

① 眾：一個團體中的多數人。他們往往只從表面判斷一個人，所以好惡未必客觀，參看〈13‧24〉。

〈15‧29〉

子曰：「人能弘道，非道弘人。」

〈白話〉

孔子說：「人可以弘揚人生理想，而不是靠人生理想來弘揚人。」

〈解讀〉

① 弘：有弘揚、體現之意。主動權在於人，而不在於道。
② 道：指人生理想。再偉大的道也無法使一個人完美，除非這個人主動努力去體現道。因此，了解「道」的人，還須以行動配合；不了解「道」的人，則由於人性向善，也有可能本著良知走上正途。這句話代表孔子人文主義的基本立場。

〈15‧30〉

子曰：「過而不改，是謂過矣。」

〈白話〉

孔子說：「有了過錯卻不改正，那才叫做過錯啊！」

① 過：人難免有過錯，只要能改，就會日進於善。參考〈4‧7〉、〈5‧26〉。

〈15‧31〉

子曰：「吾嘗終日不食，終夜不寢，以思；無益，不如學也。」

〈白話〉

孔子說：「我曾經整天不吃，整晚不睡，全部時間用於思考；可是沒有什麼益處，還不如去學習啊。」

〈解讀〉

① 思：思與學相輔相成，不可偏取其一。參考〈2‧15〉。

〈15‧32〉

子曰：「君子謀道不謀食。耕也，餒（ㄋㄟˇ）在其中矣；學也，祿在其中矣。君子憂道不憂貧。」

〈白話〉

孔子說：「君子追求的是人生理想而不是衣食無缺。認真耕田，自然得到了食物；認真學習，自然得到了俸祿。君子掛念的是人生理想而不是貧困生活。」

〈解讀〉

① 餒：與「祿」相對，指正常情況下的收穫。依《康熙字典》，「餒」通「餧」，「喂」也。古通，今相承，以「喂」為「喂飼」之「喂」，飯也。孔子的意思是：努力工作，就有食與祿，但是君子念念不忘的卻是道。

〈15‧33〉

子曰：「知及之，仁不能守之，雖得之，必失之。知及之，仁能守之，不莊以涖之，則民不敬。知及之，仁能守之，莊以涖之，動之不以禮，未善也。」

〈白話〉

孔子說：「以明智獲得百姓的支持，如果仁德不足以保住他們，那麼即使得到了，也一定會失去。以明智獲得百姓的支持，仁德又足以保住他們，如果不以莊重的態度來治理，他們就不會認真謹慎。以明智獲得百姓的支持，仁德又足以保住他們，再以莊重的態度來治理，如果動員時沒有合乎禮儀的要求，還是不夠完美。」

〈解讀〉

① 之：本章十一個「之」字都是指百姓而言。知與仁這兩個步驟屬於「導之以德」，莊與禮則近於「齊之以禮」〈2‧3〉。合而觀之，是提醒政治領袖的治國良法。

〈15‧34〉

子曰：「君子不可小知而可大受也，小人不可大受而可小知也。」

〈白話〉

孔子說：「君子沒有辦法在小地方顯示才幹，卻可以接受重大的任務。小人沒有辦法接受重大的任務，卻可以在小地方顯示才幹。」

〈解讀〉

① 小人：小人未必沒有才幹，只是缺少大志與遠見，所以不可「大受」。
② 君子與小人的對比，參看〈2‧14〉解讀③。

〈15‧35〉

子曰：「民之於仁也，甚於水火。水火，吾見蹈而死者矣，未見蹈仁而死者也。」

〈白話〉

孔子說：「百姓需要走上人生正途，勝過需要水與火。我見過有人為了得到水與火犧牲了生命，但是卻不曾見過有人為了走上人生正途而死的。」

〈解讀〉

① 仁：走上人生正途是人活著的目的，本末不可倒置。孔子感嘆人們只知謀生，卻忽略了謀生的目的，不能做到「殺身以成仁」〈15‧9〉、〈8‧13〉、〈4‧8〉。

〈15‧36〉

子曰：「當仁，不讓於師。」

〈白話〉

孔子說：「遇到人生正途上該做的事，即使對老師也不必謙讓。」

〈解讀〉

① 師：師生皆以「仁」為目標，互勉走在人生正途上，所以學生不必對老師謙讓。

〈15‧37〉

子曰：「君子貞而不諒。」

〈白話〉

孔子說：「君子堅持大的原則而不拘泥於小信。」

〈解讀〉

① 諒：言而有信，但是未必符合大原則，結果可能因而造成禍害。

〈15‧38〉

子曰：「事君，敬其事而後其食。」

〈白話〉

孔子說：「侍奉君主，認真做好分內工作，然後才想到俸祿。」

〈解讀〉

① 君：古代的君主，包括天子、諸侯、卿大夫等，今日則指上司、長官、老闆等。「事」是侍奉，意指合宜的相處之道。

〈15‧39〉

子曰：「有教無類。」

〈白話〉

孔子說：「我在教學時一視同仁，不會區分學生的類別。」

〈解讀〉

① 類：社會上的各種區分，如階級、地域、貧富、智愚等。

〈15‧40〉

子曰：「道不同，不相為謀。」

〈白話〉

孔子說：「人生理想不同的話，不必互相商議。」

〈解讀〉

① 道：人各有志，選擇的人生理想因而未必相同。孔子一方面深信自己把握的是正道，同時也不否定別人有各行其道的自由。這是寬容與尊重的態度。參照〈2·16〉。

〈15·41〉

子曰：「辭達而已矣。」

〈白話〉

孔子說：「言辭能做到達意就可以了。」

〈解讀〉

① 達：達意，不必多加文飾。

〈15·42〉

師冕見（ㄒㄧㄢˋ），及階，子曰：「階也。」及席，子曰：「席也。」皆坐，子告之曰：「某在斯，某在斯。」師冕出。子張問曰：「與師言之道與？」子曰：「然，固相師之道也。」

〈白話〉

師冕來見孔子，走到台階前，孔子說：「這是台階。」走到坐席旁，孔子說：「這是坐席。」大家坐定之後，孔子告訴他說：「某人在這裡，某人在這裡。」師冕告辭走了。子張請教說：「這是與盲者說話的方式嗎？」孔子說：「對的，這確實是與盲者說話的方式啊！」

〈解讀〉

① 師冕：師是樂師，古代一般由盲者擔任，冕是樂師之名。孔子對人的態度既真誠又體諒，從容合宜，由此可見。

〈16‧1〉

季氏將伐顓（ㄓㄨㄢ）臾（ㄩˊ）。冉有、季路見（ㄒㄧㄢˋ）於孔子曰：「季氏將有事於顓臾。」

孔子曰：「求！無乃爾是過與（ㄩˊ）？夫顓臾，昔者先王以為東蒙主，且在邦域之中矣，是社稷之臣也。何以伐為？」

冉有曰：「夫子欲之，吾二臣者皆不欲也。」

孔子曰：「求！周任有言曰：『陳力就列，不能者止。』危而不持，顛而不扶，則將焉用彼相（ㄒㄧㄤˋ）矣？且爾言過矣，虎兕（ㄙˋ）出於柙（ㄒㄧㄚˊ），龜玉毀於櫝（ㄉㄨˊ）中，是誰之過與？」

冉有曰：「今夫顓臾，固而近於費（ㄅㄧˋ）。今不取，後世必為子孫憂。」

孔子曰：「求！君子疾夫舍（ㄕㄜˇ）曰欲之而必為之辭。丘也聞有國有家者，不患貧而患不均，不患寡而患不安。蓋均無貧，和無寡，安無傾。夫如是，故遠人不服，則修文德以來之。既來之，則安之。今由與求也，相夫子，遠人不服，而不能來也；邦分崩離析，而不能守也；而謀動干戈於邦內。吾恐季孫之憂，不在顓臾，而在蕭牆之內也。」

〈白話〉

季氏準備攻打顓臾。冉有與子路一起來見孔子說：「季氏準備對顓臾用兵了。」

孔子說：「求，難道這不該責怪你嗎？這個顓臾，古代君主曾經授權它主持東蒙山的祭祀，並且領地在魯國的國境中，是魯國的附庸藩屬，為什麼要攻打它呢？」

冉有說：「是季孫想要這麼做的，我們兩個做臣下的都不贊同。」

孔子說：「求，周任說過一句話：『能夠貢獻力量，才去就任職位；做不

到的人就下台。』看到盲者遇到危險而不去保護，快要摔倒而不去扶持，那麼這樣的助手又有什麼用呢？你的話真是說錯了。老虎與野牛逃出了柵欄，龜殼與美玉在櫃子裡毀壞了，這是誰的過失呢？」

冉有說：「眼前這個顓臾，城牆牢固並且離季氏的采邑費地很近，現在不占據它，將來一定會給子孫留下後患。」

孔子說：「求，君子就討厭那種不說自己貪心而一定要找藉口的人。我聽說過，諸侯與大夫不擔心人民貧窮，只擔心財富不均；不擔心人口太少，只擔心社會不安。因為如果財富平均，便無所謂貧窮；人民和諧相處，就不會覺得人少；社會安定，就不會傾危。能做到這樣，遠方的人如果還不順服，就致力於禮樂教化，使他們自動來歸。來歸之後，就要安頓他們。現在由與求二人輔助季孫，遠方的人不順服，卻沒有辦法讓他們自動來歸；國家分崩離析，卻沒有辦法保全；反而想在國境內發動戰爭。我恐怕季孫所憂慮的不在顓臾，而在魯君啊。」

〈解讀〉

① 季氏：季康子。

② 顓臾：孔安國注：「顓臾，伏羲之後風姓之國，本魯之附庸，當時臣屬魯。季氏貪其土地，欲滅而取之。冉有與季路為季氏臣，來告孔子。」當時顓臾受命負責東蒙山的祭祀。

③ 周任：古代的一位史官。費：季氏的采邑。

④ 「不患寡而患不均，不患貧而患不安」一語，應調換二字為「不患貧而患不均」，此指財富；「不患寡而患不安」，此指人民。由下文「均無貧，和無寡」可證。

⑤ 蕭牆之內：蕭牆為魯君使用的屏風，在此指魯哀公。當時顓臾仍然效忠魯君，而魯君與季氏的明爭暗鬥並非秘密。

〈16．2〉

孔子曰：「天下有道，則禮樂征伐自天子出；天下無道，則禮樂征伐自諸侯出。自諸侯出，蓋十世希不失矣；自大夫出，五世希不失矣；陪臣執國命，三世希不失矣。天下有道，則政不在大夫。天下有道，則庶人不議。」

〈白話〉

孔子說：「天下政治上軌道，制禮作樂與出兵征伐都由天子決定；天下政治不上軌道，制禮作樂與出兵征伐就由諸侯決定。由諸侯決定的話，大概傳到十代就很少能持續的；由大夫決定的話，傳到五代就很少能持續的；大夫的家臣把持朝政的話，傳到三代就很少能持續的。天下政治上軌道，國家政權不會落在大夫手上。天下政治上軌道，一般百姓不會議論紛紛。」

〈16．3〉

孔子曰：「祿之去公室五世矣，政逮於大夫四世矣，故夫三桓之子孫微矣。」

〈白話〉

孔子說：「國家政權離開魯君之手，已經五代了；政權由大夫把持已經四代了，所以三桓的子孫現在也衰微了。」

〈解讀〉

① 五世：魯君失其權，已有宣公、成公、襄公、昭公、定公五代。

② 四世：從季氏掌權，已有文子、武子、平子、桓子四代。

③ 三桓：仲叔、叔孫、季叔是魯國的三卿，皆為魯桓公之後，故稱「三桓」。參看〈3．2〉。

〈16‧4〉

子曰：「益者三友，損者三友。友直，友諒，友多聞，益矣。友便（ㄆㄧㄢˊ）辟（ㄆㄧˋ），友善柔，友便（ㄆㄧㄢˊ）佞（ㄋㄧㄥˋ），損矣。」

〈白話〉

孔子說：「三種朋友有益，三種朋友有害。與正直的人為友，與誠信的人為友，與見多識廣的人為友，那是有益的；與裝腔作勢的人為友，與刻意討好的人為友，與巧言善辯的人為友，那是有害的。」

〈16‧5〉

孔子曰：「益者三樂，損者三樂。樂節禮樂，樂道人之善，樂多賢友，益矣。樂驕樂，樂佚遊，樂晏樂，損矣。」

〈白話〉

孔子說：「三種快樂有益，三種快樂有害。以得到禮樂的調節為樂，以述說別人的優點為樂，以結交許多良友為樂，那是有益的。以驕傲自滿為樂，以縱情遊蕩為樂，以飲食歡聚為樂，那是有害的。」

〈16‧6〉

孔子曰：「侍於君子有三愆（ㄑㄧㄢ）；言未及之而言謂之躁，言及之而不言謂之隱，未見顏色而言，謂之瞽。」

〈白話〉

孔子說：「與君子相處，要注意三種過失：不到該說話時就說了，叫做急躁；到了該說話時不說，叫做隱瞞；沒看他的臉色反應就說了，叫做眼瞎。」

〈解讀〉

① 君子：在此是指德行、地位、年齡、輩分比自己高的人，所以前面用了「侍」字。

〈16·7〉

孔子曰：「君子有三戒：少（ㄕㄠˋ）之時，血氣未定，戒之在色；及其壯也，血氣方剛，戒之在鬥；及其老也，血氣既衰，戒之在得。」

〈白話〉

孔子說：「要成為君子，必須有三點戒惕：年輕時，血氣還未穩定，應該戒惕的是好色；到了壯年，血氣正當旺盛，應該戒惕的是好鬥；到了老年，血氣已經衰弱，應該戒惕的是貪求。」

〈解讀〉

① 君子：在此是指立志成為君子的人，否則如何從「少之時」談起？

② 血氣：隨著身體而有的本能與欲望。孔子並未忽略人有「血氣」問題，但是他依然肯定人應該擇善固執，原因就是他深信人性向善。參考〈17·2〉與〈17·21〉的解讀。

〈16·8〉

子曰：「君子有三畏：畏天命，畏大人，畏聖人之言。小人不知天命而不畏也，狎（ㄒㄧㄚˊ）大人，侮聖人之言。」

〈白話〉

孔子說：「要成為君子，必須敬畏以下三者：敬畏天賦使命，敬畏政治領袖，敬畏聖人的言論。至於小人，不了解天賦使命而不敬畏，奉承討好政治領袖，輕慢侮辱聖人的言論。」

〈解讀〉

① 天命：天賦使命，內容有二：一是天對人的命令，使人自覺內在的向善要求，進而擇善固執，最後止於至善；二是每一個人在擇善時，根據主客觀條件而把握的具體作為。譬如，孔子「五十而知天命」〈2‧4〉，五十一歲出來從政。後來自五十五歲起，周遊列國，有如奉命行事，「知其不可而為之」〈14‧38〉。參考〈11‧9〉解讀②。

② 大人：政治領袖。他們負責治理國家，位高權重，稍有差錯，就會禍及百姓，所以值得人們敬畏，希望藉此敦促他們恪盡職責。

③ 聖人之言：古代聖人的智慧結晶，指出人生應行之道並且昭示吉凶禍福，足以使人敬畏。

〈16‧9〉

孔子曰：「生而知之者，上也；學而知之者，次也；困而學之，又其次也；困而不學，民斯為下矣。」

〈白話〉

孔子說：「生來就明白人生正途的，是上等人；學習之後明白人生正途的，是次等人；遇到困難才去學習人生正途的，是更次一等的人；遇到困難還不肯學習的，就是最下等的人了。」

〈解讀〉

① 知之：所知的是人生正途而不是一般的知識，否則如何可能「生而知之」？並且，也只有在人生正途方面才可以說「下」。參照〈7‧20〉。

〈16‧10〉

孔子曰：「君子有九思：視思明，聽思聰，色思溫，貌思恭，言思忠，事思敬，疑思問，忿思難（ㄋㄢˋ），見得思義。」

〈白話〉

孔子說：「要成為君子，有九種考慮：看的時候，考慮是否明白；聽的時候，考慮是否清楚；臉上的表情，考慮是否溫和；容貌與態度，考慮是否莊重；說話的時候，考慮是否真誠；做事的時候，考慮是否敬業；遇到有疑問，考慮向人請教；臨到發怒時，考慮麻煩的後患；見到想要據為己有的東西，考慮該不該得。」

〈解讀〉

① 思：這九思表示人生時時刻刻都要自覺與反省，否則稍一不慎，就會造成過錯，進而引發一連串的後果。孔子重視理性的作用，在此又一次得到証明。參照〈2‧15〉、〈15‧31〉。

〈16‧11〉

孔子曰：「見善如不及，見不善如探湯。吾見其人矣，吾聞其語矣。隱居以求其志，行義以達其道。吾聞其語矣，未見其人也。」

〈白話〉

孔子說：「看到善的行為，就好像追趕不上；看到不善的行為，就好像伸手碰到滾燙的水。我見過這樣的人，也聽過這樣的話。避世隱居來磨鍊他的志節，實踐道義來貫徹他的理想。我聽過這樣的話，但是不曾見過這樣的人。」

〈解讀〉

① 志：志節，需要磨鍊與持守。隱居時，人可能會放棄志節。
② 道：理想。人有機會入世發揮抱負時，能夠堅持道義原則嗎？能夠秉

持原有的理想嗎？恐怕十分困難。這是孔子「未見」這種人的原因。

參照〈5‧26〉解讀①。

〈16‧12〉

齊景公有馬千駟，死之日，民無德而稱焉。伯夷叔齊餓於首陽之下，民到于今稱之。「誠不以富，亦祇以異。」其斯之謂與？

〈白話〉

齊景公有四千匹馬，臨死的時候，百姓找不出他有什麼德行可以稱述。伯夷與叔齊在首陽山下餓死，百姓直到現在仍然稱述他們的德行。「財富實在沒有用處，只看你是否有卓越的德行。」就是這個意思吧！

〈解讀〉

① 本章句首應有「子曰」二字。對照〈8‧1〉的「民無得而稱焉」。

② 「誠不以富，亦祇以異」：出自《詩‧小雅‧我行其野》，這是由〈12‧10〉移過來的句子，歷代學者對此有不少爭論。

③ 關於齊景公，參看〈12‧11〉，〈18‧3〉。關於伯夷、叔齊，參看〈5‧22〉，〈7‧15〉，〈18‧8〉。

〈16‧13〉

陳亢（《ㄤ）問於伯魚曰：「子亦有異聞乎？」對曰：「未也。嘗獨立，鯉趨而過庭。曰：『學詩乎？』對曰：『未也。』『不學詩，無以言。』鯉退而學詩。他日，又獨立，鯉趨而過庭，曰：『學禮乎？』對曰：『未也。』『不學禮，無以立。』鯉退而學禮。聞斯二者。」陳亢退而喜曰：「問一得三，聞詩，聞禮，又聞君子之遠（ㄩㄢˋ）其子也。」

〈白話〉

陳亢請教伯魚說：「您在老師那兒聽過不同的教誨嗎？」伯魚回答說：

「沒有。他曾經一個人站在堂上，我恭敬地從庭前走過，他問：『學了詩嗎？』我答：『沒有。』他說：『不學詩，就沒有說話的憑藉。』我就馬上去學詩。另外一天，他又一個人站在堂上，我恭敬地從庭前走過，他問：『學了禮嗎？』我答：『沒有。』他說：『不學禮，就沒有立身處世的憑藉。』我就馬上去學禮。我聽到的是這兩件事。」陳亢回去以後，高興地說：「我問一件事，卻知道了三件事：知道要學詩，知道要學禮，又知道君子對自己兒子要保持適當的距離。」

〈解讀〉

① 陳亢：陳子禽。

② 伯魚：孔鯉，孔子之子。「學詩」，見〈13‧5〉，〈17‧9〉，〈17‧10〉；「學禮」，見〈20‧3〉，〈8‧8〉。

③ 遠其子：保持適當距離，合乎古代父嚴母慈的傳統。

〈16‧14〉

邦君之妻，君稱之曰夫人，夫人自稱曰小童；邦人稱之曰君夫人，稱諸異邦曰寡小君；異邦人稱之亦曰君夫人。

〈白話〉

對國君的妻子，國君稱她為夫人，她自稱為小童；本國人稱她為君夫人，與外國人談話時便稱她為寡小君；外國人稱呼她時，也說君夫人。

〈17．1〉

陽貨欲見孔子，孔子不見，歸（ㄎㄨㄟˋ）孔子豚。孔子時（ㄙˋ）其亡也，而往拜之。遇諸塗。謂孔子曰：「來！予與爾言。」曰：「懷其寶而迷其邦，可謂仁乎？曰不可。好從事而亟（ㄑㄧˋ）失時，可謂知乎？曰不可。日月逝矣，歲不我與。」孔子曰：「諾，吾將仕矣。」

〈白話〉

陽貨希望孔子拜會他，孔子不去，他就送一隻燒豬給孔子。孔子趁他不在家的時候，才去拜謝。不料兩人在路上碰到了。陽貨對孔子說：「你過來，我要與你說話。」他接著說：「具備卓越才幹卻讓國家陷入困境，這可以稱做行仁嗎？我會說不可以。喜歡從政做官卻屢次錯過時機，這可以稱做明智嗎？我會說不可以。光陰似箭，時間是不會等人的。」孔子說：「好吧，我會去做官的。」

〈解讀〉

① 陽貨：陽虎，季氏家臣。季氏數代把持魯國朝政，陽貨此時又把持季氏的權柄。後來他圖謀剷除三桓，失敗後逃往晉國。

② 往拜：收到送禮，必須登門拜謝。此事約在魯定公七年，孔子四十九歲時。兩年之後，孔子開始從政，任中都宰。

〈17．2〉

子曰：「性相近也，習相遠也。」

〈白話〉

孔子說：「依本性來看，人與人是相近的；依習染來看，人與人就有很大

的差異了。」

〈解讀〉

① 性：孔子直接論性，只此一處。既然「習」是後天的習染，「性」應該是先天的本性了，那麼談到它，為何說「相近」而不說「相同」？理解的關鍵是：第一，孔子對人性的看法，不分先天後天，亦即人性是一個在生命整體中不斷展現的力量；性是「源」而習是「流」，源相近而流相遠。第二，歷代已有學者指出，性之相近是相近於「善」。相近並非相等，所以不說本善，但是可以說「向善」，就是每個人對善都有自我要求，只是在其力量所表現的程度上有強有弱。譬如，有人犯小錯，心就不安；有人犯大錯，心才不安。就兩者的心都會不安而言，可以說相近與向善；就兩者程度的差異而言，可以歸之於「習相遠也」。第三，人性向善，是以人性為內在自我要求行善的力量，這種力量展現為自覺與感通，要與別人保持適當的關係，正好契合「二人為仁」的架構，也可以印證孔子所有談仁的言論。參照〈6‧19〉。

② 習：原指實踐，由此養成了言行習慣。《尚書‧太甲上》有「茲乃不義，習與性成」一語，意為：習行不義，將成其性。此與西諺「習慣為第二天性」可相參照。

〈17‧3〉

子曰：「唯上知（ㄓˋ）與下愚不移。」

〈白話〉

孔子說：「只有最明智與最愚昧的人是不會改變的。」

〈解讀〉

① 知：與愚相對，專指領悟人生正途的能力。
② 不移：在有關人生正途的問題上，真知必能帶來實踐。上知已有真

知，走上人生正途，不移也不必移。下愚缺少真知，一切但憑僥倖，不移也不肯移。參照〈6‧21〉。

〈17‧4〉
子之武城，聞弦歌之聲。夫子莞爾而笑，曰：「割雞焉用牛刀？」子游對曰：「昔者偃也聞諸夫子曰：『君子學道則愛人，小人學道則易使也。』」子曰：「二三子！偃之言是也。前言戲之耳。」

〈白話〉
孔子到了武城，聽到彈琴唱詩的聲音。孔子微微一笑，說：「殺雞何必要用宰牛的刀？」子游回答說：「以前我聽老師說過：『做官的學習人生道理，就會愛護眾人；老百姓學習人生道理，就容易服從政令。』」孔子接著向學生們說：「各位同學，偃說的話是對的。我剛才只是同他開玩笑啊。」

〈解讀〉
① 子游：言偃，當時擔任武城的縣長。
② 學道：在此是指學習典籍中所載的人生道理。

〈17‧5〉
公山弗擾以費（ㄅㄧˋ）畔，召，子欲往。子路不說（ㄩㄝˋ），曰：「末之也，已，何必公山氏之之也？」子曰：「夫召我者，而豈徒哉？如有用我者，吾其為東周乎？」

〈白話〉
公山弗擾占據費邑，起兵反叛季氏。他召請孔子去幫忙，孔子想要前往。子路很不高興，說：「沒有地方去就算了，為什麼一定要去公山氏那裡呢？」孔子說：「請我去的人，難道沒有什麼意圖嗎？如果有人任用我，我難道只想維持東周這種衰弱的局勢嗎？」

〈解讀〉

① 公山弗擾：可能是公山不狃（ㄓ又ˇ）。他以家臣身分反叛季氏這位大夫，理由可能是為了支持魯君，所以孔子有意前去，但是後來並未成行。參照〈9‧13〉，〈17‧7〉。

② 東周：周朝自平王東遷之後，稱為東周，此後天子失權，諸侯各自為政，孔子想藉著治理魯國，進而平治天下。「吾其為……」，其通豈。

〈17‧6〉

子張問仁於孔子。孔子曰：「能行五者於天下為仁矣。」「請問之。」曰：「恭，寬，信，敏，惠。恭則不侮，寬則得眾，信則人任焉，敏則有功，惠則足以使人。」

〈白話〉

子張向孔子請教如何行仁。孔子說：「做人處事能符合五點要求，就是行仁了。」子張說：「請您教導這五點要求。」孔子說：「莊重、寬大、誠實、勤快、施惠。莊重就不會招來侮辱，寬大就會得到眾人支持，誠實就會受人任用，勤快就會產生功效，施惠就能夠領導別人。」

〈解讀〉

① 仁：從孔子的回答，可知行仁不能離開做人處事的表現。走在人生正途上，不能忽略「人與人之間的適當關係」，亦即善。若要實現自己的人性，除了努力實踐內心向善的要求，別無選擇。

〈17‧7〉

佛（ㄅㄧˋ）肸（ㄒㄧˋ）召，子欲往。子路曰：「昔者由也聞諸夫子曰：『親於其身為不善者，君子不入也。』佛肸以中牟畔，子之往也，如之何？」子曰：「然，有是言也。不曰堅乎，磨而不磷（ㄌㄧㄣˋ）；不曰白乎，涅（ㄋㄧㄝˋ）而不緇（ㄗ）。吾豈匏（ㄆㄠˊ）瓜也哉？焉

能繫而不食？」

〈白話〉

佛肸召請孔子，孔子想要前往。子路說：「以前我聽老師說過，『自己動手公然行惡的人那裡，君子是不會前去的。』現在佛肸占據中牟，起兵反叛，您卻想要前去，又該怎麼說呢？」孔子說：「對的，我說過這樣的話。但是，我們不是也說：最堅硬的東西，是磨也磨不薄的？我們不是也說：最潔白的東西，是染也染不黑的？我難道只是匏瓜星嗎？怎麼可以掛在那兒不讓人食用呢？」

〈解讀〉

① 佛肸是晉國大夫范氏、中行氏的家臣，中牟縣的縣長。趙簡子攻打范氏、中行氏時，佛肸堅守中牟縣抵抗趙簡子。參照〈9‧13〉，〈17‧5〉。

② 匏瓜：古代星辰之名。《天官星占》說：「匏瓜一名天雞，在河鼓東。」匏瓜星徒有匏瓜之形卻無匏瓜之質，高懸空中而不能讓人食用。孔子不願像匏瓜星一樣，亦即他想要出仕為官。

〈17‧8〉

子曰：「由也！女聞六言六蔽矣乎？」對曰：「未也。」「居！吾語（ㄩˋ）女。好（ㄏㄠˋ）仁不好學，其蔽也愚；好知不好學，其蔽也蕩；好信不好學，其蔽也賊；好直不好學，其蔽也絞；好勇不好學，其蔽也亂；好剛不好學，其蔽也狂。」

〈白話〉

孔子說：「由！你聽過六種品德與六種流弊的說法嗎？」子路回答說：「沒有。」孔子說：「你坐下，我來告訴你。愛好行仁而不愛好學習，那種流弊就是愚昧上當；愛好明智而不愛好學習，那種流弊就是游談無根；愛好誠實而不愛好學習，那種流弊就是傷害自己；愛好直率而不愛好學

習，那種流弊就是尖酸刻薄；愛好勇敢而不愛好學習，那種流弊就是胡作
非為；愛好剛強而不愛好學習，那種流弊就是狂妄自大。」

〈解讀〉

① 學：如果不學習，就無法明白事理，那麼即使有心實踐品德，也容易
出現流弊。孔子重視學習，提醒我們走在人生正途上，要善用理性的
能力。參照〈8・2〉。

〈17・9〉
子曰：「小子何莫學夫詩？詩，可以興，可以觀，可以群，可以
怨。邇之事父，遠之事君；多識於鳥獸草木之名。」

〈白話〉

孔子說：「同學們為什麼不學《詩》呢？《詩》，可以引發真誠的心意，
可以觀察自己的志節，可以溝通人與人之間的感情，可以諷諫怨刺不平之
事。學了《詩》，以近的來說，懂得如何侍奉父母；以遠的來說，懂得如
何侍奉君主。此外，還能廣泛認識草木鳥獸的名稱。」

〈解讀〉

① 興：「觀」、「群」、「怨」，是孔子對《詩》的教化作用的高度概
括。真能充分發揮這種作用，應該可以達到「溫柔敦厚，詩教也」的
成效。參考〈2・2〉，〈3・20〉。

② 根據統計，《詩經》中，草有113種，木有75種，鳥有39種，獸有67
種，蟲有29種，魚有20種。

〈17‧10〉

子謂伯魚曰：「女為《周南》，《召（ㄕㄠˋ）南》矣乎？人而不為《周南》，《召南》，其猶正牆面而立也與！」

〈白話〉

孔子對伯魚說：「你仔細讀過《周南》與《召南》了嗎？一個人如果不曾仔細讀過《周南》與《召南》，就會像面朝牆壁站著的人。」

〈解讀〉

① 《詩經》分為風、雅、頌三部分，風按地區分為十五國風，《周南》、《召南》居十五國風之首。二南內容側重夫婦相處之道，有勉人修身齊家之意。

② 正牆面而立：什麼都看不到，哪裡都去不了。參看〈16‧13〉。

〈17‧11〉

子曰：「禮云禮云，玉帛云乎哉？樂（ㄩㄝˋ）云樂云，鐘鼓云乎哉？」

〈白話〉

孔子說：「我們說禮啊禮啊，難道只是在說玉帛這些禮品嗎？我們說樂啊樂啊，難道只是在說鐘鼓這些樂器嗎？」

〈解讀〉

① 禮：禮有具體表現的形式與器物，但是更重要的卻是行禮之人的真實情感。樂也是如此。參考「人而不仁，如禮何？人而不仁，如樂何？」〈3‧3〉。

② 所謂「禮壞樂崩」，即指禮樂淪為形式，只剩祭器與樂器，而失去真誠情感。

〈17‧12〉

子曰：「色厲而內荏（ㄖㄣˇ），譬諸小人，其猶穿窬（ㄩˊ）之盜也與？」

〈白話〉

孔子說：「臉色嚴肅而內心怯弱的人，可以比擬為小人，就像闖入門戶裡的小偷吧！」

〈解讀〉

① 盜：這種小偷表面凶狠而內心虛浮。

〈17‧13〉

子曰：「鄉原（ㄩㄢˋ），德之賊也。」

〈白話〉

孔子說：「不分是非的好好先生，正是敗壞道德風氣的小人。」

〈解讀〉

① 鄉原：鄉愿，每個社會都可能有所謂的「好好先生」，他們誰都不得罪，表面媚俗而心中毫無理想。

② 孔子對鄉愿的批評，可參看《孟子‧盡心下》。

〈17‧14〉

子曰：「道聽而塗說，德之棄也。」

〈白話〉

孔子說：「聽到傳聞就到處散布，正是背離德行修養的作法。」

〈解讀〉

① 德：道德修行必須由聞而思而修，若是四處散播沒有根據的言論，則是與道德修養背道而馳。

〈17‧15〉

子曰：「鄙夫可與事君也與哉？其未得之也，患不得之。既得之，患失之。苟患失之，無所不至矣。」

〈白話〉

孔子說：「我們能與志節低陋的人一起侍奉君上嗎？這種人在沒有得到職位時，害怕得不到；一旦得到了，又害怕失去；為了害怕失去職位，什麼事都幹得出來。」

〈解讀〉

① 「鄙夫」也可以指純樸的鄉下人〈9‧8〉。但是在本章，則顯然是指小人。

② 「無所不至」一語可對照《大學》所云：「小人閒居為不善，無所不至」。

〈17‧16〉

子曰：「古者民有三疾，今也或是之亡（ㄨˊ）也。古之狂也肆，今之狂也蕩；古之矜也廉，今之矜也忿戾；古之愚也直，今之愚也詐而已矣。」

〈白話〉

孔子說：「古代百姓有三點為人詬病的，現在的百姓連這些都比不上了。古代狂妄的人不拘小節，現在狂妄的人放蕩言行；古代矜持的人不屑造作，現在矜持的人憤世疾俗；古代愚昧的人還算直率，現在愚昧的人卻只知耍弄心機罷了。」

〈解讀〉

① 疾：偏差表現，為人詬病。任何地方的民風都有其特色，百姓之中有的狂，有的矜，有的愚。即使就此而論，古今也相去甚遠，孔子因而感嘆。參照〈8・16〉。

〈17・17〉

子曰：「巧言令色，鮮（ㄒㄧㄢˇ）矣仁。」

〈白話〉

孔子說：「說話美妙動聽，表情討好熱絡；這種人是很少有真誠心意的。」

〈解讀〉

① 本章已見於〈1・3〉。

〈17・18〉

子曰：「惡（ㄨˋ）紫之奪朱也，惡鄭聲之亂雅樂也，惡利口之覆邦家者。」

〈白話〉

孔子說：「我厭惡的是紫色奪取了紅色的地位，我厭惡的是鄭國的樂曲擾亂了典雅的樂曲，我厭惡的是以伶牙利齒顛覆國家的人。」

〈解讀〉

① 紫：諸侯衣服原以紅色為正。春秋時代魯桓公開始尚紫，逐漸改變了風氣。孔子厭惡的是：似是而非，結果混淆了禮制、音樂與國家法紀。

〈17‧19〉

子曰：「予欲無言。」子貢曰：「子如不言，則小子何述焉？」子曰：「天何言哉？四時行焉，百物生焉，天何言哉？」

〈白話〉

孔子說：「我想不再說話了。」子貢說：「老師如果不說話，那麼我們學生要傳述什麼呢？」孔子說：「天說了什麼啊？四季照樣在運行，萬物照樣在生長，天說了什麼啊？」

〈解讀〉

① 言：孔子所說的道理，固然可以讓學生傳述，而其真正目的是要普及教化的效果。只有傳述而無效果，則是本末倒置。由此可以看出孔子是在感慨，而不是真的不想再說話。

② 天：天雖不言，而其運作的效果仍在。這句看似比喻的話，其實反映了古代的信念，就是以天為「造生者」與「載行者」：天是萬物的根源，也是維繫一切的力量。參看〈11‧9〉解讀②。

〈17‧20〉

孺悲欲見孔子，孔子辭以疾。將命者出戶，取瑟而歌，使之聞之。

〈白話〉

孺悲來了，要拜訪孔子，孔子託言有病，拒絕見他。傳命的人一走出房間，孔子就取出瑟來邊彈邊唱，讓孺悲可以聽到。

〈解讀〉

① 孺悲：魯國人，曾向孔子學習「士喪禮」。

② 辭以疾：古代習慣以疾病為託辭，但是孔子又故意取瑟而歌，目的是讓孺悲自省其過失。這是以不教為教。

〈17‧21〉

宰我問：「三年之喪，期（ㄑ一ˊ）已久矣。君子三年不為禮，禮必壞；三年不為樂，樂必崩。舊穀既沒（ㄇㄛˋ），新穀既升，鑽（ㄗㄨㄢ）燧改火，期（ㄐ一）可已矣。」

子曰：「食夫稻，衣（一ˋ）夫錦，於女（ㄖㄨˇ）安乎？」

曰：「安。」

「女安，則為之！夫君子之居喪，食旨不甘，聞樂（ㄩㄝˋ）不樂，居處不安，故不為也。今女安，則為之！」

宰我出。子曰：「予之不仁也！子生三年，然後免於父母之懷。夫三年之喪，天下之通喪也，予也有三年之愛於其父母乎！」

〈白話〉

宰我請教說：「為父母守喪三年，時間未免太長了。君子三年不舉行禮儀，禮儀一定會荒廢；三年不演奏音樂，音樂一定會散亂。舊穀吃完，新穀也已收成；打火的燧木輪用了一次。所以守喪一年就可以了」。

孔子說：「守喪未滿三年，就吃白米飯，穿錦緞衣，你心裡安不安呢？」

宰我說：「安。」

孔子說：「你心安，就去做吧！君子在守喪時，吃美食不辨滋味，聽音樂不感快樂，住家裡不覺舒適，所以不這麼做。現在你既然心安，就去做吧！」

宰我退出房間後，孔子說：「予沒有真誠的情感啊！一個孩子生下來，三年以後才能離開父母的懷抱。為父母守喪三年，天下人都是這麼做的。予曾經受到父母三年懷抱的照顧嗎？」

〈解讀〉

① 三年之喪：為父母守喪三年。三年是指二十五月，《禮記‧三年問》與《荀子‧禮論》皆如是說。孔子認為這是天下之通喪，在倫理規範上「應該」如此，而事實上在當時許多人已無法遵行。

② 宰我：言語科的高材生，他對守喪三年的質疑兼顧了人文世界（禮與

樂）與自然世界（穀與火）雙方面的條件，可謂相當周全，但是卻忽略了人的情感需要。

③ 孔子認為人間的倫理規範（三年之喪）是為了回應心理情感（安）而定的；而心理情感又可以推源於生理特性（三年免懷）。如此形成之「生理—心理—倫理」的觀點，可以說明人性的開展過程以及人性何以向善，亦即為何不守三年之喪就會不安。換言之，孔子心目中的人性，是不能離開人的生命之具體存在及成長處境的。

④ 不仁：指宰我忽略內心的真誠情感而言。關於宰我，參看〈3‧21〉、〈5‧9〉、〈6‧26〉。

〈17‧22〉

子曰：「飽食終日，無所用心，難矣哉！不有博弈（一ㄟ）者乎！為之，猶賢乎已。」

〈白話〉

孔子說：「整天吃飽了飯，對什麼事都不花心思，這樣很難走上人生正途啊！不是有擲骰下棋的遊戲嗎？去玩玩也比這樣無聊要好些。」

〈解讀〉

① 難：針對走上人生正途而言。孔子認為即使當下沒有走在人生正途上，也要花些心思，激發潛力，再回歸正途。參照〈15‧17〉。

〈17‧23〉

子路曰：「君子尚勇乎？」子曰：「君子義以為上，君子有勇而無義為亂，小人有勇而無義為盜。」

〈白話〉

子路說：「君子推崇勇敢嗎？」孔子說：「君子推崇的是道義，君子光有勇敢而沒有道義，就會作亂；小人光有勇敢而沒有道義，就會偷盜。」

① 君子：指立志成為君子的人。由本章內容來看，孔子是用假設狀況來表明君子「應該」如何做，否則就會如何。有此理解，就不必考慮君子是有位者或有德者。至於小人，則指不願立志改善自我的一般人。參照〈15‧18〉。

〈17‧24〉

子貢曰：「君子亦有惡（ㄨˋ）乎？」子曰：「有惡，惡稱人之惡（ㄜˋ）者，惡居下而訕上者，惡勇而無禮者，惡果敢而窒者。」曰：「賜也，亦有惡乎？」「惡徼（ㄐㄧㄠ）以為知（ㄓˋ）者，惡不孫（ㄒㄩㄣˋ）以為勇者，惡訐（ㄐㄧㄝˊ）以為直者。」

〈白話〉

子貢說：「君子也有厭惡的事嗎？」孔子說：「有厭惡的事：厭惡述說別人缺點的人，厭惡在下位而毀謗長官的人，厭惡勇敢而不守禮儀的人，厭惡一意孤行卻到處行不通的人。」孔子說：「賜，你也有厭惡的事嗎？」子貢說：「厭惡賣弄聰明卻以為自己明智的人，厭惡狂妄無禮卻以為自己勇敢的人，厭惡揭人隱私卻以為自己正直的人。」

〈17‧25〉

子曰：「唯女子與小人為難養也，近之則不孫（ㄒㄩㄣˋ），遠（ㄩㄢˋ）之則怨。」

〈白話〉

孔子說：「只有女子與小人是難以共處的；與他們親近，他們就無禮，對他們疏遠，他們就抱怨。」

〈解讀〉

① 女子：古代女子沒有公平的受教育機會，在經濟上亦不能獨立，所以

心胸與視野受到很大限制。孔子所說的是古代的情況，在當今社會已經不再適用了。

② 本章為孔子對當時社會現狀的客觀描述，而非孔子發表個人的特定主張。若孔子今日重說此言，將會說「唯小人為難養也」。不過，如此一來，「小人」就兼指男女了。

〈17·26〉
子曰：「年四十而見惡（ㄨˋ）焉，其終也已。」

〈白話〉
孔子說：「到了四十歲還被人厭惡，大概沒有什麼發展了。」

〈解讀〉
① 四十：這句話可能是孔子對自身遭遇的感嘆。他三十五歲前往齊國，居留兩年期間，齊景公曾有意重用，但為晏嬰反對。這句話若不是孔子的心情寫照，實在很難具有普遍的意義。參看〈18·3〉。

〈18‧1〉
微子去之，箕子為之奴，比干諫而死。孔子曰：「殷有三仁焉。」

〈白話〉
微子離開了紂王，箕子淪為他的奴隸，比干勸諫他而被殺。孔子說：「商朝末年有這三位行仁的人。」

〈解讀〉
① 微子：微子啟，為商紂王同母長兄。因母親先為帝乙之妾，後立為妻，再生紂，所以由紂繼王位。箕子與比干都是商紂王的叔父。他們三人各自擇其善而固執之，下場雖有不同，卻都合乎行仁的要求。
② 仁：走上人生正途，完成人生理想的人。

〈18‧2〉
柳下惠為士師，三黜（ㄔㄨˋ），人曰：「子未可以去乎？」曰：「直道而事人，焉往而不三黜？枉道而事人，何必去父母之邦？」

〈白話〉
柳下惠擔任典獄官時，多次被免職。有人對他說：「您這樣還不願離開魯國嗎？」他說：「堅持原則為人工作，則哪裡去不會多次被免職？放棄原則為人工作，又為什麼一定要離開自己的國家？」

〈解讀〉
① 道：指走在人生正途所應堅持的原則、理想。參照〈15‧14〉。

〈18・3〉

齊景公待孔子，曰：「若季氏，則吾不能；以季、孟之間待之。」曰：「吾老矣，不能用也。」孔子行。

〈白話〉

齊景公談到對待孔子的禮數時，說：「像魯君對待季氏那樣，我辦不到；我以低於季氏而高於孟氏的禮數來對待他。」不久，又說：「我已經老了，沒有辦法任用他了。」孔子於是離開了齊國。

〈解讀〉

① 季氏：當時魯國三卿之中，季氏地位最高，其次是叔氏，然後才是孟氏。此事發生於魯昭公二十七年，時年孔子三十七歲。

〈18・4〉

齊人歸（ㄎㄨㄟˋ）女樂（ㄩㄝˋ），季桓子受之，三日不朝，孔子行。

〈白話〉

齊國送了一隊能歌善舞的女子給魯國，執政的季桓子接受了，三天不問政事。孔子於是離職走了。

〈解讀〉

① 季桓子：季孫斯，當時為執政上卿。孔子原是司寇，頗有政績，這時辭官走了。此事發生於魯定公十三年，時年孔子五十五歲，自此周遊列國十四年。

〈18‧5〉

楚狂接輿（ㄩˊ）歌而過孔子曰：「鳳兮鳳兮！何德之衰？往者不可諫，來者猶可追。已而已而，今之從政者殆而！」孔子下，欲與之言。趨而辟（ㄅㄧˋ）之，不得與之言。

〈白話〉

楚國一位狂放不羈的人接輿，唱著歌經過孔子的馬車旁，唱的是：「鳳凰啊，鳳凰啊！你的風格怎麼變得如此落魄？過去的已經無法挽回，未來的還來得及把握。算了吧，算了吧，現在從事政治的人都很危險啊！」孔子下車，想要同他說話。他卻趕快避開，使孔子沒有辦法同他說話。

〈解讀〉

① 接輿：這是真實的姓名，還是「接孔子之輿而歌」的描述？事實上，接輿在古代資料中已被當做特定的人名使用。

② 鳳：指志行高潔的人。

③ 德：指風格、作風。如「君子之德，風；小人之德，草」〈12‧19〉之「德」。

〈18‧6〉

長沮（ㄐㄩ）桀溺（ㄋㄧˋ）耦（ㄡˇ）而耕，孔子過之，使子路問津焉。

長沮曰：「夫執輿者為誰？」子路曰：「為孔丘。」曰：「是魯孔丘與？」曰：「是也。」曰：「是知津矣。」

問於桀溺。桀溺曰：「子為誰？」曰：「為仲由。」曰：「是魯孔丘之徒與？」對曰：「然。」曰：「滔滔者天下皆是也，而誰以易之？且而與其從辟人之士也，豈若從辟世之士哉？」耰（ㄧㄡ）而不輟。

子路行以告。夫子憮（ㄨˇ）然曰：「鳥獸不可與同群，吾非斯人之徒與而誰與？天下有道，丘不與易也。」

〈白話〉

長沮與桀溺一起在耕田，孔子經過那兒，吩咐子路去向他們詢問渡口的位置。

長沮反問子路：「那位手拉韁繩的人是誰？」子路說：「是孔丘。」長沮說：「是魯國的孔丘嗎？」子路說：「是的。」長沮就說：「他早就知道渡口在哪裡了。」

子路又去問桀溺。桀溺反問他：「您是誰？」子路說：「我是仲由。」桀溺說：「是魯國孔丘的門徒嗎？」子路說：「是的。」桀溺就說：「像大水氾濫的情況，到處都是一樣，你要同誰去改變呢？你與其追隨逃避壞人的人，何不跟著逃避社會的人呢？」他說完話，繼續不停地覆平田土。

子路回來報告孔子這一切。孔子神情悵然地說：「我們沒有辦法與飛禽走獸一起生活，如果不同人群相處又要同誰相處呢？天下政治若是上軌道，我就不會帶你們去試圖改變了。」

〈解讀〉

① 長沮、桀溺：隱者，不是真實的姓名。

② 知津：這是隱者對孔子的肯定，表示孔子知道何去何從，只是過於堅持自己的信念罷了。

〈18‧7〉

子路從而後，遇丈人，以杖荷（ㄏㄜˋ）蓧（ㄉㄧㄠˋ）。

子路問曰：「子見夫子乎？」丈人曰：「四體不勤，五穀不分，孰為夫子？」植其杖而芸。子路拱而立。止子路宿，殺雞為黍而食之，見其二子焉。

明日，子路行以告。子曰：「隱者也。」使子路反見之，至，則行矣。

子路曰：「不仕無義，長幼之節不可廢也，君臣之義，如之何其廢之？欲潔其身而亂大倫。君子之仕也，行其義也。道之不行，已知之矣。」

〈白話〉

子路跟隨著孔子，卻遠遠落在後面。他遇到一位老人家，用木棍挑著除草的工具。

子路請教他：「您看到我的老師了嗎？」老人家說：「你這個人，四肢不勞動，五穀也分不清，我怎麼知道你的老師是誰？」說完就放下木棍去除草。子路拱著手站在一邊。稍後，老人家留子路到家裡過夜，殺雞作飯給子路吃，又叫兩個兒子出來相見。

第二天，子路趕上了孔子，報告這一切經過。孔子說：「這是一位隱居的人。」接著吩咐子路回去看看他。子路到了那兒，老人家卻出門了。

子路說：「不從政是不應該的。長幼間的禮節都不能廢棄，君臣間的道義又怎麼能廢棄呢？原本想要潔身自愛，結果卻敗壞了更大的倫常關係。君子出來從政，是做道義上該做的事。至於政治理想無法實現，則是我們早已知道的啊。」

〈解讀〉

① 子路曰：這是子路轉述孔子（使反見之）交待的話，並且是子路對老人家的二子說的。

② 長幼之節：老人家曾讓二子與子路相見，表示仍然重視長幼之節。

〈18‧8〉

逸民：伯夷、叔齊、虞仲、夷逸、朱張、柳下惠、少連。子曰：「不降其志，不辱其身，伯夷、叔齊與！」謂：「柳下惠、少連，降志辱身矣，言中（ㄓㄨㄥˋ）倫，行中慮，其斯而已矣。」謂：「虞仲、夷逸，隱居放言，身中清，廢中權。我則異於是，無可無不可。」

〈白話〉

遁世隱居的人有：伯夷、叔齊、虞仲、夷逸、朱張、柳下惠、少連。孔子說：「志節不受委屈，人格不受侮辱的，是伯夷與叔齊吧！」又說：「柳

下惠與少連，志節受委屈，人格受侮辱，可是言語合乎規矩，行為經過考慮，就是如此吧！」又說：「虞仲與夷逸，隱居起來，放言高論，人格表現廉潔，被廢也合乎權宜。我是與這些人都不同的，沒有一定要怎麼做，也沒有一定不要怎麼做。」

〈解讀〉

① 逸民：這七人中，虞仲、夷逸、朱張、少連的生平已不可考，而朱張甚至不在孔子評述之列。

② 我：孔子的原則是通權達變，因時制宜。在確定自己的理想之後，可以行則行，可以止則止。參照〈4‧10〉。

〈18‧9〉

大（ㄊㄞˋ）師摯（ㄓˋ）適齊，亞（ㄧㄚˋ）飯干適楚，三飯繚（ㄌㄧㄠˊ）適蔡，四飯缺適秦，鼓方叔入於河，播鼗（ㄊㄠˊ）武入於漢，少師陽、擊磬襄入於海。

〈白話〉

太師摯前往齊國，亞飯干前往楚國，三飯繚前往蔡國，四飯缺前往秦國，打鼓的方叔移居黃河邊，搖小鼓的武移居漢水邊，少師陽與擊磬的襄移居海邊。

〈解讀〉

① 大師：魯國樂官之長。古代天子與諸侯用飯時要奏樂，所以用亞飯等為樂師之名稱。此一樂官流散各地的局面，大概發生在魯哀公之時。

〈18‧10〉

周公謂魯公曰：「君子不施（ㄕˋ）其親，不使大臣怨乎不以。故舊無大故，則不棄也。無求備於一人。」

〈白話〉

周公對魯公說：「君子不會疏忽慢待他的親族；不會讓大臣抱怨沒有受到重視；長期追隨的屬下沒有嚴重過失，就不要棄之不用；不要要求一個人十全十美。」

〈解讀〉

① 周公：姬旦，周初制禮作樂的聖人。魯公是周公之子伯禽，封於魯。
② 施：在此，通「弛」。

〈18‧11〉

周有八士：伯達、伯适（ㄎㄨㄛˋ）、仲突、仲忽、叔夜、叔夏、季隨、季騧（ㄍㄨㄚ）。

〈白話〉

周朝有八位著名的讀書人：伯達、伯适、仲突、仲忽、叔夜、叔夏、季隨、季騧。

〈19‧1〉

子張曰：「士見危致命，見得思義，祭思敬，喪思哀，其可已矣。」

〈白話〉

子張說：「讀書人看見危險，不惜犧牲生命；看見利益，要想該不該得；祭祀時，要想到虔誠；居喪時，要想到悲戚。這樣就算不錯了。」

〈解讀〉

① 危：此處的「見危致命」並不是要人輕易赴死，而是在合乎道義原則時，才可不惜犧牲生命。閱讀本篇一定不要將孔子學生們的觀點等同於孔子本人的觀點。本篇各章尚有不少例證。參照〈14‧12〉、〈3‧26〉。

〈19‧2〉

子張曰：「執德不弘，信道不篤，焉能為有？焉能為亡（ㄨˊ）？」

〈白話〉

子張說：「對德行的實踐不夠堅強，對理想的信念不夠深刻。這樣的人，不是有他不為多，無他不為少嗎？」

〈解讀〉

① 道：指人生理想而言。亦即，抵達至善才是人生的至高目標。

〈19‧3〉

子夏之門人問交於子張。子張曰：「子夏云何？」對曰：「子夏曰：『可者與之，其不可者拒之。』」子張曰：「異乎吾所聞。君子尊賢而容眾，嘉善而矜不能。我之大賢與，於人何所不容？我之不賢與，人將拒我，如之何其拒人也？」

〈白話〉

子夏的學生向子張請教交友之道。子張說：「子夏說了些什麼？」這位學生回答：「子夏說：『值得交往的，才與他交往；不值得交往的，就拒絕他。』」子張說：「我所聽到的與此不同。君子尊敬才德卓越的人，也接納一般大眾；稱讚行善的人，也同情未能行善的人。我若是才德卓越，對什麼人不能接納？我若是才德不卓越，別人將會拒絕我，我又憑什麼去拒絕別人？」

〈解讀〉

① 交：交友之道。子夏與子張所說不同，因為前者是對初學者而言，後者則就已有君子表現的人而言。關於子張和子夏，可參看〈11‧16〉。

〈19‧4〉

子夏曰：「雖小道，必有可觀者焉；致遠恐泥（ㄋㄧˋ），是以君子不為也。」

〈白話〉

子夏說：「就是一般的技藝，也必定有它值得欣賞的地方；不過，長期專注於此，恐怕會陷於執著的困境，所以君子不去碰它。」

〈解讀〉

① 小道：指一般的技藝，內容廣泛不必詳列。相對於此的，是道或大

道，就是讀書人的理想，要行善成德，濟世救人。事實上，對於可觀的小道，只要不太執著，未嘗不能增添生活的趣味。

〈19‧5〉
子夏曰：「日知其所亡（ㄨˊ），月無忘其所能，可謂好（ㄏㄠˋ）學也已矣。」

〈白話〉
子夏說：「每天知道自己所未知的，每月不要忘記自己所已知的，這樣可以說是愛好學習了。」

〈19‧6〉
子夏曰：「博學而篤志，切問而近思，仁在其中矣。」

〈白話〉
子夏說：「廣泛學習，同時要堅定志節；懇切發問，同時要就近省思；人生正途就可以找到了。」

〈解讀〉
① 仁：人生正途。一個人若能兼顧本章所說的四點，就能選擇正確的人生之路。在缺少良師益友的情況下，這是可行的辦法。

〈19‧7〉
子夏曰：「百工居肆以成其事，君子學以致其道。」

〈白話〉
子夏說：「各類工匠要長期留在市場觀摩比較，才能善盡他們的職責；君子則努力學習從而領悟他的理想。」

〈解讀〉

① 君子：指立志成為君子的人。學習可以領悟理想，進而努力實踐。

〈19 · 8〉

子夏曰：「小人之過也必文（ㄨㄣˋ）。」

〈白話〉

子夏說：「小人有了過錯，一定加以掩飾。」

〈解讀〉

① 小人：不知或不願「立志」改善自己的人。

〈19 · 9〉

子夏曰：「君子有三變：望之儼（一ㄢˇ）然，即之也溫，聽其言也厲。」

〈白話〉

子夏說：「君子給人三種不同的觀感：遠遠看他，莊重嚴肅；就近接觸，和藹可親；聽他說話，一絲不苟。」

〈19 · 10〉

子夏曰：「君子信而後勞其民，未信，則以為厲己也。信而後諫，未信，則以為謗己也。」

〈白話〉

子夏說：「君子獲得百姓信賴之後才去動員他們工作，否則百姓會以為自己受到虐待。獲得君上信賴之後，才去進諫他，否則君上會以為自己受到毀謗。」

〈19‧11〉

子夏曰：「大德不踰閑，小德出入可也。」

〈白話〉

子夏說：「在關鍵重大的行事作風上，不能踰越規範；在無足輕重的行事作風上，不妨有些取捨。」

〈解讀〉

① 德：指行事作風，不指道德或德行，否則豈可重大輕小？可以參看〈12‧19〉。

〈19‧12〉

子游曰：「子夏之門人小子，當洒掃應對進退，則可矣，抑末也。本之則無，如之何？」子夏聞之，曰：「噫！言游過矣！君子之道，孰先傳焉？孰後倦焉？譬諸草木，區以別矣。君子之道，焉可誣也？有始有卒者，其惟聖人乎！」

〈白話〉

子游說：「子夏的學生們，那些年輕人對洒水掃地、接待賓客，進退禮儀方面的事，還可以勝任，不過這些只是末節而已。做人的根本道理卻沒有學會，怎麼可以呢？」子夏聽到了這段話，就說：「唉！言游錯了！君子所應學習的道理，哪一樣要先傳授，哪一樣要最後講述呢？如果以認識草木做為比喻，就是要先區分為各種各類。對於君子所應學習的道理，怎麼可以任意妄加批評呢？在教導時能夠有始有終全面兼顧的，大概就是聖人啊！」

〈解讀〉

① 道：成為君子所應學習的道理，包括知識與德行。
② 聖人：完美的人，在此應指孔子。

〈19‧13〉

子夏曰:「仕而優則學,學而優則仕。」

〈白話〉

子夏說:「從政之後,行有餘力,就該學習;學習之後,深有心得,就該從政。」

〈解讀〉

① 仕:現代人就業之後,即使不是從政做官,也等於「仕」。行有餘力,就該學習,正符合終身學習的原則。

〈19‧14〉

子游曰:「喪致乎哀而止。」

〈白話〉

子游說:「居喪時,充分表現悲戚就可以了。」

〈解讀〉

① 止:不宜因過度悲傷而危及身心。

〈19‧15〉

子游曰:「吾友張也,為難能也,然而未仁。」

〈白話〉

子游說:「我的朋友子張的所作所為已經難能可貴了,不過還沒有抵達完美的境界。」

〈解讀〉

① 仁:指完美人格的最高境界。子游這樣說,有與子張互相砥礪之意,

而不是妄加批評。

〈19‧16〉
曾子曰：「堂堂乎張也，難與並為仁矣。」

〈白話〉
曾子說：「子張言行顯得高不可攀，很難與他一起走上人生正途。」

〈解讀〉
① 為仁：走上人生正途。對任何人來說，人生正途都是大同小異的，但是由於性格、志趣、知識、德行的差異，而與不同的人結伴同行。

〈19‧17〉
曾子曰：「吾聞諸夫子：『人未有自致者也，必也親喪乎！』」

〈白話〉
曾子說：「我聽老師說過：『一般人沒有自己充分顯露真情的機會，如果有，那一定是在父母過世的時候吧！』」

〈19‧18〉
曾子曰：「吾聞諸夫子：『孟莊子之孝也，其他可能也；其不改父之臣與父之政，是難能也。』」

〈白話〉
曾子說：「我聽老師說過：『關於孟莊子的孝行，別的都還有辦法做到，但是他不去更換父親任用的家臣與父親所定的政策，那才是難以做到的。』」

〈解讀〉

① 孟莊子：魯國大夫孟獻子（仲孫蔑）之子，名速。

② 孟莊子「不改父之臣與父之政」可以與「三年無改於父之道，可謂孝矣。」〈1‧11〉對照來看。

〈19‧19〉

孟氏使陽膚為士師，問於曾子。曾子曰：「上失其道，民散久矣。如得其情，則哀矜而勿喜。」

〈白話〉

孟氏任命陽膚為典獄官，陽膚向曾子請求教誨。曾子說：「現在政治領袖的言行失去規範，百姓離心離德已經很久了。你如果查出罪犯的實情，要有難過及憐憫之心，不可沾沾自喜。」

〈解讀〉

① 陽膚：可能是曾子的學生。

〈19‧20〉

子貢曰：「紂之不善，不如是之甚也。是以君子惡（ㄨˋ）居下流，天下之惡（ㄜˋ）皆歸焉。」

〈白話〉

子貢說：「商紂的惡行，不像現在傳說的這麼嚴重。所以君子討厭處在下游的地方，以免天下一切壞事都算在他身上。」

〈解讀〉

① 下流：原指河水之下游，此處比喻眾惡所歸的位置。子貢的意思是若不力爭上游，就會趨於墮落。

〈19‧21〉

子貢曰：「君子之過也，如日月之食焉。過也，人皆見之；更也，人皆仰之。」

〈白話〉

子貢說：「君子所犯的過錯，就像日蝕與月蝕：犯錯的時候，大家都看得到；更改了以後，大家依然仰望他。」

〈19‧22〉

衛公孫朝（ㄔㄠˊ）問於子貢曰：「仲尼焉學？」子貢曰：「文武之道，未墜於地，在人。賢者識（ㄓˋ）其大者，不賢者識其小者。莫不有文武之道焉。夫子焉不學，而亦何常師之有？」

〈白話〉

衛國的公孫朝請教子貢說：「孔仲尼在何處學習過？」子貢說：「周文王與武王的教化成就並沒有完全失傳，而是散落在人間。才德卓越的人把握住重要的部分，才德平凡的人把握住末節的部分。沒有地方看不到文王與武王的教化成就啊。我的老師在何處不曾學習過？他又何必要有固定的老師呢？」

〈解讀〉

① 公孫朝：衛國大夫。因同名者，有魯國、楚國、鄭國各一人，所以寫明國別。

〈19‧23〉

叔孫武叔語大夫於朝曰:「子貢賢於仲尼。」子服景伯以告子貢。
子貢曰:「譬之宮牆,賜之牆也及肩,窺見室家之好。夫子之牆數
仞,不得其門而入,不見宗廟之美,百官之富,得其門者或寡矣。
夫子之云,不亦宜乎!」

〈白話〉

叔孫武叔在朝廷上對大夫們說:「子貢的才德比孔仲尼更卓越。」子服景
伯把這句話告訴子貢。子貢說:「以房屋的圍牆作比喻吧。我家的圍牆只
有肩膀那麼高,別人可以看到屋內擺設的美好狀況。老師家的圍牆卻有幾
丈高,如果找不到大門進去,就看不到裡面宗廟的宏偉壯觀與房舍的富
麗。能夠找到大門的人或許很少吧,叔孫先生這種說法不也是很恰當的
嗎?」

〈解讀〉

① 叔孫武叔:叔孫州仇,魯國大夫。
② 仞:七尺為一仞。一說,八尺為一仞。

〈19‧24〉

叔孫武叔毀仲尼。子貢曰:「無以為也。仲尼不可毀也。他人之賢
者,丘陵也,猶可踰也;仲尼,日月也,無得而踰焉。人雖欲自
絕,其何傷於日月乎?多見其不知量也。」

〈白話〉

叔孫武叔毀謗孔子。子貢說:「不要這麼做。仲尼是沒有辦法毀謗的。別
人的才德表現,像是山丘一般,還可以去超越;仲尼則像是太陽與月亮,
沒有可能去超越的。一個人即使想要斷絕他與太陽、月亮的關係,對於太
陽、月亮又有什麼損害呢?只是顯示了他不知自己的分量而已。」

〈19‧25〉

陳子禽謂子貢曰：「子為恭也，仲尼豈賢於子乎？」子貢曰：「君子一言以為知（ㄓˋ），一言以為不知，言不可不慎也。夫子之不可及也，猶天之不可階而升也。夫子之得邦家者，所謂立之斯立，道（ㄅㄠˇ）之斯行，綏之斯來，動之斯和。其生也榮，其死也哀，如之何其可及也？」

〈白話〉

陳子禽對子貢說：「您太謙讓了吧，仲尼的才德難道比得上您嗎？」子貢說：「君子由一句話表現他的明智，也由一句話表現他的不明智，所以說話不能不謹慎。老師讓我們趕不上，就像天空是沒有辦法靠樓梯爬上去一樣。老師如果能在諸侯之國或大夫之家負責執政，就會做到我們所說的：他要使百姓立足於社會，百姓就會立足於社會；他要引導百姓前進，百姓就會向前走去；他要安頓各方百姓，百姓就會前來投靠；他要動員百姓工作，百姓就會同心協力。當他活在世間時，人們以他為榮，當他不幸辭世時，人們為他悲戚。這怎麼是我們趕得上的呢？」

〈20·1〉

堯曰：「咨！爾舜！天之曆數在爾躬，允執厥中，四海困窮，天祿永終。」舜亦以命禹。

曰：「予小子履敢用玄牡，敢昭告于皇皇后帝：有罪不敢赦。帝臣不蔽，簡在帝心。朕躬有罪，無以萬方；萬方有罪，罪在朕躬。」

周有大賚（ㄌㄞˋ），善人是富。「雖有周親，不如仁人。百姓有過，在予一人。」

謹權量，審法度，修廢官，四方之政行焉。興滅國，繼絕世，舉逸民，天下之民歸心焉。所重：民、食、喪、祭。寬則得眾，信則民任焉，敏則有功，公則說（ㄩㄝˋ）。

〈白話〉

堯讓位給舜時，說：「聽著啊！你這位舜！天的任命已經落在你身上了，你要忠實地把握正義原則。如果天下百姓都陷於困苦貧窮，天的祿位也將永遠終止。」舜後來也以這番話告誡禹。

商湯說：「在下履，在此謹獻上黑色牡牛作犧牲，並且向光明而偉大的上帝報告：有罪的人，我不敢擅自去赦免。您的臣僕所作所為，我也不敢隱瞞，這些都清楚陳列在您心中。我本人如果有罪，請不要責怪天下各地的人；天下各地的人如果有罪，都由我一人來承擔。」

周朝大封諸侯，使善人都得到財富。武王說：「我雖然有許多至親的親人，但是比不上有許多行仁的部屬。百姓如果犯了過錯，由我一人來承擔。」

檢驗及審定生活所需的度量衡，整頓被廢除的官職與工作，全國的政令就可以通行了。恢復被滅亡的國家，延續已斷絕的世系，提拔不得志的人才，天下的百姓就心悅誠服了。應該重視的有：百姓，糧食，喪禮，祭祀。寬厚就會獲得眾人的愛戴，信實就會得到百姓的依賴，勤快工作就會

取得重大成果，行事公平就會使得人人滿意。

〈解讀〉

① 堯曰：本章內容牽涉較廣，多為拼湊而成的歷史資料。一般認為，「謹權量」以下的文句，為孔子之言。值得注意的是：古代重視「民、食、喪、祭」。

〈20·2〉

子張問於孔子曰：「何如斯可以從政矣？」子曰：「尊五美，屏四惡，斯可以從政矣。」子張曰：「何謂五美？」子曰：「君子惠而不費，勞而不怨，欲而不貪，泰而不驕，威而不猛。」子張曰：「何謂惠而不費？」子曰：「因民之所利而利之，斯不亦惠而不費乎？擇可而勞之，又誰怨？欲仁而得仁，又焉貪？君子無眾寡，無小大，無敢慢，斯不亦泰而不驕乎？君子正其衣冠，尊其瞻視，儼然人望而畏之，斯不亦威而不猛乎？」子張曰：「何謂四惡？」子曰：「不教而殺謂之虐；不戒視成謂之暴；慢令致期謂之賊；猶之與人也，出納之吝謂之有司。」

〈白話〉

子張請教孔子說：「要怎麼做才能把政務治理好？」孔子說：「推崇五種美德，排除四種惡行，這樣就可以把政務治理好了。」子張說：「五種美德是什麼？」孔子說：「君子要做到的是：施惠於民，自己卻不耗費；勞動百姓，卻不招來怨恨；表現欲望，但是並不貪求；神情舒泰，但是並不驕傲；態度威嚴，但是並不兇猛。」子張說：「施惠於民，自己卻不耗費；這是什麼意思呢？」孔子說：「順著百姓所想要的利益，使他們得到滿足，這不是施惠於民，自己卻不耗費嗎？選擇適合勞動的情況去勞動百姓，又有誰會怨恨？自己想要的是行仁，結果得到了行仁的機會，還要貪求什麼呢？不論人數多少以及勢力大小，君子對他們都不敢怠慢，這不也是神情舒泰卻不驕傲嗎？君子服飾整齊，表情莊重，嚴肅得使人一看就有

些畏懼，這不也是態度威嚴卻不兇猛嗎？」子張說：「四種惡行又是什麼？」孔子說：「不先教導規範，百姓犯錯就殺，這稱做酷虐；不先提出警告，就要看到成效，這稱做殘暴；延後下令時間，屆時卻嚴格要求，這稱做害人；同樣是要給人的，出手卻吝惜，這稱做刁難別人。」

〈解讀〉

① 有司：官吏。古代設官分職，各有專司，故稱有司。有司地位卑微、作風小器，與君子所為大不相同。這句話意在提醒官吏獎賞時不可猶豫不決，以免反而招來怨恨。猶之：均之、等之。

〈20‧3〉

孔子曰：「不知命，無以為君子也；不知禮，無以立也；不知言，無以知人也。」

〈白話〉

孔子說：「不了解命的道理，沒有辦法成為君子；不了解禮的規範，沒有辦法在社會上立足；不了解言詞的使用，沒有辦法了解別人。」

〈解讀〉

① 命：兼指使命與命運而言。既要明白人生有行善的使命，努力求其至善，又要了解人間富貴的客觀限制，因而不必強求。知命之後，可以「行其所當行，止於其所不得不止」，由此成為君子。

② 《論語》全書以「不知言，無以知人也」為結語，孟子（372-289B.C.）自謂其過人之處為「我知言，我善養吾浩然之氣」（《孟子‧公孫丑上》）。兩相對照，可知孟子自覺其繼承孔子思想之志業。

內容簡介

　　本書是傅佩榮教授以二十年專研儒家思想的心得所融匯的新著，目的在於要為現代人提供 一個簡單而有效閱讀《論語》的方法，並將個人心得與創見與讀者分享。

　　傅佩榮教授在每一章原文之後，以〈白話〉取代一般《論語》讀本的註釋，與原文一一對應，文字流暢通順，適合現代人的閱讀習慣。〈解讀〉部分，是經過詳細研讀各家資料後，再從其中揀擇分辨，求其正確合理的解法。作者另將較為特殊的章句，列於〈導讀〉中特作說明，是不可錯過的資料。

　　作者說：「閱讀論語，是一件快樂的事，自由沉潛其中，以孔子為師，與孔子為友，更是平生樂事。因為，認識孔子，就是認識一個傳統的開始，就是了解人生何去何從的方向，也就 是正確實現人生理想的第一步。」

　　把本書當做「新世紀繼往開來的思想經典」，也就是「放眼天下，從傳統出發」的起始。

傅佩榮

　　美國耶魯大學哲學博士，曾任比利時魯汶大學與荷蘭萊頓大學講座教授，臺灣大學哲學系教授、主任兼研究所所長。著有《哲學與人生》、《柏拉圖》、《儒道天論發微》、《儒家哲學新論》、《孔門十弟子》、《不可思議的易經占卜》、《文化的視野》、《西方哲學心靈‧全三卷》、《傅佩榮莊子經典五十講》、《傅佩榮生活哲思文選‧全三卷》、《傅佩榮宗教哲學十四講》、《傅佩榮先秦儒家哲學十六講》、《傅佩榮周易哲學十五講》、《傅佩榮論語、孟子、易經二十四講》、《人性向善論發微》等，並重新解讀中國經典《論語》、《孟子》、《老子》、《莊子》、《易經》、《大學‧中庸》，譯有《四大聖哲》、《創造的勇氣》、《人的宗教向度》等書，策劃《世界文明原典選讀》（全六冊）及編譯《上帝‧密契‧人本》。

傅佩榮國學頻道

國家圖書館出版品預行編目(CIP) 資料

傅佩榮解讀論語 / 傅佩榮作 -- 四版 -- 新北市：立緒文化
事業有限公司, 民112.04
　　面；　公分. --（世界公民叢書）

ISBN　978-986-360-208-8(平裝)

1. 論語　2. 注釋

121.222　　　　　　　　　　　　　　　112003762

傅佩榮解讀論語（修訂新版）

出版──立緒文化事業有限公司（於中華民國 84 年元月由郝碧蓮、鍾惠民創辦）
作者──傅佩榮

發行人──郝碧蓮
顧問──鍾惠民

地址──新北市新店區中央六街 62 號 1 樓
電話──(02) 2219-2173
傳真──(02) 2219-4998
E-mail Address ── service@ncp.com.tw
劃撥帳號──1839142-0 號 立緒文化事業有限公司帳戶
行政院新聞局局版臺業字第 6426 號

總經銷──大和書報圖書股份有限公司
電話──(02) 8990-2588
傳真──(02) 2290-1658
地址──新北市新莊區五工五路 2 號
排版──菩薩蠻數位文化有限公司
印刷──尖端數位印刷股份有限公司

法律顧問──敦旭法律事務所吳展旭律師
版權所有·翻印必究
分類號碼──121.222
ISBN ── 978-986-360-208-8
平裝出版日期──中華民國 88 年 2 月～ 95 年 9 月初版　一～二十刷（1 ～ 47,500）
　　　　　　　中華民國 96 年 9 月～ 100 年 5 月二版　一～四刷（1 ～ 3,400）
　　　　　　　中華民國 101 年 3 月～ 108 年 12 月三版　一～六刷（1 ～ 4,000）
　　　　　　　中華民國 112 年 4 月四版　一刷（1~1,000）
　　　　　　　中華民國 112 年 8 月四版　二刷（1,001~1,700）
精裝出版日期──中華民國 94 年 6 月～ 99 年 3 月初版～二版（1 ～ 1,600）

定價◎ 420 元（平裝）